Peter Krause (Hrsg.)

Wandel bewirken

Bibliografische Information der Deutschen Nationalbibliothek

Die Deutsche Nationalbibliothek verzeichnet diese Publikation in der Deutschen Nationalbibliografie; detaillierte bibliografische Daten sind im Internet über http://dnb.d-nb.de abrufbar.

Herstellung und Verlag: epubli, Berlin (epubli.de)

Inhalt

Unser Projektland Ecuador

Vor Ort:

Die Initiative und das Baucamp

Vorwort

Dieses Buch gibt Bericht von einem nicht alltäglichen Projekt: Jugendliche bereiten sich in einem Zeitraum von sieben Monaten darauf vor, eine Reise nach Südamerika (nach Ecuador) zu machen, um dort für sie wichtige Erfahrungen zu machen. Als Mittel dafür wählten sie, sich an Arbeiten an einer Schule zu beteiligen, in der Kinder in einer abgelegenen, ländlichen Region betreut werden.

Das Vorhaben wurde in der Tradition der Steinschleuder-Initiative, die vor fast 25 Jahren von Jugendlichen begonnen wurde, umgesetzt. Mittlerweile hat es schon viele Projekte dieser „Bewegung zur Bewegung" gegeben, die in aller Welt durchgeführt wurden.

Das vorliegende Buch ist eine Sammlung von Texten und Bildern, die in den Jahren 2015 und 2016 während des InterAKTION-Kurses und dem darauf folgenden Baucamp im Ecuador gesammelt wurden. Ich wünsche Ihnen viel Freude damit!

Herdecke, Oktober 2016

Peter Krause (Herausgeber)

Gemeinsame Entwicklung weltweit:

Der InterAKTION-Kurs

So fing alles an

(pk) Nachdem die Jugendtagung „Einsam-Gemeinsam" mit über 1.000 Teilnehmenden aus aller Welt an der Rudolf-Steiner-Schule in Bochum zu ende gegangen war, gründete das jugendliche Organisationsteam 1992 die „Steinschleuder – Bewegung zur Bewegung". Den Anlass dafür lieferte die Begegnung mit Valentin Bjelokon, jenem Arzt, der 1986 in der Nacht des Super-GAU in Tschernobyl Dienst getan hatte. Seine Initiative zur Einrichtung einer Krankenstation für an Krebs erkrankte Kinder unterstützten die Jugendlichen als erstes. Und seitdem sie die Krankenstation in der Ukraine im Jahr 1994 fertiggestellt hatten, folgten bis heute zahlreiche weitere Projekte in aller Welt.

Am Anfang nahmen die Dinge meistens überraschend ihren Verlauf. Die Initiative der jungen Leute stieß von Beginn an auf ein unerwartetes öffentliches Echo. Die Hilfsbereitschaft und der Wille, die „Steinschleuder" zu unterstützen waren enorm. Mit der zunehmenden Popularität wuchsen die Aufgaben, und die grundsätzliche Erfahrung stellte sich ein, dass sich nicht nur das Reifen einer Initiative, sondern auch eine gute persönliche Entwicklung an derartigen Herausforderungen ereignet.

Das von Valentin Bjelokon getragene Projekt in der Ukraine leitete exemplarisch zu einer besonderen Auseinandersetzung mit der aktuellen Zeitgeschichte und ihren Folgen. Der Super-GAU im Atomkraftwerk hatte die Welt erschüttert und viele Menschen wach gerüttelt. Der Frage danach, wie sich Menschenwerk und Natur miteinander verbinden lassen, und welche Grenzen darin möglicherweise zu beachten sind, kann sich seither niemand mehr entziehen. In der Ukraine waren damals die allgemein verfügbaren Mittel und Möglichkeiten zur Problembewältigung nicht weit genug entwickelt. Es wurde improvisiert. Was an Problemen auf direktem Wege nicht zu lösen war, wurde kreativ angegangen. Davon betroffen waren praktisch alle Lebensbereiche. Der Alltag vor Ort war zu einem gewaltigen Lern- und Erfahrungsfeld geworden, was sich mit dem Interesse der Aktivisten_innen der „Steinschleuder" sehr gut verbinden ließ.

Lernen und arbeiten

Für die „Steinschleuder" ist das Motiv der gegenseitigen Entwicklung aller Beteiligten zentrales Anliegen. Der Friedensforscher Johann Galtung, dem die Gründer_innen der Initiative seinerzeit begegneten, betonte in seiner Beratung diesen Aspekt besonders: Die Menschen aus den materiell reichen Ländern werden in ihrem Engagement in Armutsregionen zu Lernenden mit einer ganz besonderen Chance.

Wie lassen sich unter widrigen Bedingungen die medizinische Versorgung, Ernährung, Baumaßnahmen, Schulen, Zugang zu Trinkwasser usw. organisieren? Menschen, die in ihrem Alltag existenziell tagtäglich mit diesen Fragen konfrontiert sind, entwickeln ein wertvolles, praktisches Erfahrungswissen. Da die offenkundige Entwicklung global auf Szenarien zusteuert, die die gegenwärtigen Probleme der Einen bald zu solchen der gesamten, globalen Menschengemeinschaft machen könnten, verdienen die Lösungsansätze von Heute jene besondere Aufmerksamkeit, um die sich die „Steinschleuder" von Beginn an bemüht. Dies macht latente Fragen und Bedürfnisse junger Menschen bewusst.

In der Entwicklungszusammenarbeit, wie sie in der „Steinschleuder" von Beginn an verstanden wird, sind die jugendlichen Aktivisten_innen also allenfalls in zweiter Linie Helfende. Primär entscheidend ist, dass es um eine Entwicklung geht, die alle Beteiligten betrifft. Die Arbeitsbereiche werden darin zu Lernfeldern. Die Begegnung aller Beteiligten ereignet sich symmetrisch, was Selbstermächtigung bewirkt und stärkt, wo sonst „Gebende" die „Nehmenden" dominieren.

Der Jugendkurs

Im Laufe der Zeit wuchs seit 1992 die Erfahrung im Umgang mit dem eigenem Verständnis von Entwicklungszusammenarbeit und deren praktischer Umsetzung: Wie Projekte gefunden werden, wie Entwicklungs- und Lernfelder erschlossen werden können, wie für die Finanzierung gesorgt werden, und wie den besonderen Bedingungen in den verschiedenen Ländern begegnet werden kann.

Viele Aktivisten_innen der „Steinschleuder" sind mittlerweile mitten im persönlichen Familien- und Berufsleben angekommen. Sie blicken auf ihre Erfahrungen in der „Steinschleuder"-Arbeit zurück und erkennen, was von den Jugenderfahrungen im Ausland die eigene Biografie und Persönlichkeit besonders geprägt hat. Unter den „Steinschleuder"-Alumni entstand schließlich die Idee, in einem eigenen Kursprogramm das erworbene Wissen weiterzugeben, um daran interessierte Jugendliche auf die Arbeit im Ausland vorzubereiten.

Dieses Anliegen haben wir aufgegriffen und gemeinsam den fairventure®-Kurs InterAKTION entwickelt, den wir seit Dezember 2015 durchführen. Teilnehmer_innen sind junge Menschen zwischen 16 und 21 Jahren. Die Finanzierung erfolgt durch Teilnahmebeiträge und Spenden.

Die Idee und das Konzept

(pk) Vermehrt lebt in jungen Menschen zum Ende ihrer Schulzeit der Wunsch, sich für eine gewisse Zeit in der weltweiten Entwicklungszusammenarbeit zu engagieren. Der InterAKTION-Kurs greift das auf und bereitet systematisch auf die Freiwilligendienste vor. Das Besondere daran ist, dass der Kurs von Aktiven und ehemals Aktiven des von Jugendlichen selbst verwalteten Steinschleuder e.V. durchgeführt wird.

Der Bedarf für solche Kurse nimmt zweifellos unverändert zu, seit im Jahr 2008 durch die damalige Entwicklungsministerin Heidemarie Wieczorek-Zeul in Deutschland der Freiwilligendienst „Weltwärts" eingeführt wurde. Der angestoßene Trend führt in einen Bereich gegenseitiger Entwicklung, in die die Aktiven vor Ort und die jugendlichen „Volunteers" gleichfalls einbezogen sind. „Die Freiwilligen wirken durch ihre Tätigkeit in der Einsatzstelle und veranlassen durch ihre pure Anwesenheit informelle Lernprozesse in ihrem gesellschaftlichen Mikroumfeld (erste Stufe). Gleichzeitig durchlaufen sie selbst Lernerfahrungen, die zurückzuführen sind auf ihre Tätigkeit und auf die Interaktion mit ihrem Mikroumfeld (Stufe 2). Die Gesamtheit der während des Dienstes gemachten Erfahrungen wiederum wirkt als Motivator und Katalysator für ein Engagement auch nach dem Dienst (Stufe 3)." (Jörn Fischer *„Freiwilligendienste und ihre Wirkung - vom Nutzen des Engagements"*, bpd.de)

Für die Steinschleuder ist das Motiv der gegenseitigen Entwicklung aller Beteiligten zentrales Anliegen. Marcel Botthof, einer der Mitwirkenden im Programm vom Inter-AKTION-Kurs, meint: „Der innere Ort, an dem sich die Steinschleuder befindet, ist nicht per Zufall aufgesucht worden. Es geht darum, das kulturell Wertvolle, das Geistige, ganz konkret wirksam werden zu lassen. Die Beteiligten werden so gesehen an ihr Menschsein erinnert, wozu gehört, dass man im Sinne der Dreigliederung Geschwisterlichkeit im Wirtschaftsleben, Gleichheit im Rechtsleben und Freiheit im Geistesleben praktiziert."

Im Kurs für den in einem Zeitraum von sieben Monaten

sechs Wochenenden und eine Trainingswoche vorgesehen sind, geht es um verschiedene Themenbereiche:

- **Geschichte:** Die ökologischen und sozialen Folgen von Technisierung, Industrialisierung und Urbanisierung. Klassische und alternative Handlungsmodelle für die Zukunft.
Vor- und Frühgeschichte Südamerikas. Das Aufeinandertreffen der Kulturen seit dem 16. Jahrhundert.

- **Wirtschaft:** Basiswissen zu Privat-, Betriebs- und Volkswirtschaft. Rechtsformen von Firmen und Initiativen. Finanzplanung. Projektfinanzierung und sachgerechte Mittelverwendung.

- **Philosophie und Psychologie:** Erkenntnistheorie. Welt- und Menschenbilder der Vergangenheit und Gegenwart. Pädagogik. Selbstermächtigung und -management.

- **Organisation:** Verabredungen und Reflexionen in der Gruppe der Teilnehmenden. Aufbau und Pflege des Netzwerks von Unterstützenden. Planung und praktische Umsetzungen bezüglich des Baucamps in Ecuador. Akquise der notwendigen Finanzmittel.

- **Dokumentation:** Erstellen von Texten und Tabellen zur Dokumentation der Kursinhalte und Planungsbereiche. Controlling.

- **Praxis:** Selbstversorgung an den Wochenenden und während der Trainingswoche. Durchführen von Reparatur- und Renovierungsarbeiten. Mitarbeit in einem Projekt der Permakultur. Absprachen mit den Projektpartnern. Selbstschutz und -verteidigung. Musik. Erste Hilfe.

Insgesamt entfallen während der ganzen Zeit 140 Kursstunden auf Kurswochenenden, 40 Stunden auf die Trainingswoche und 70 Stunden auf das Selbststudium (ausgewählte Literatur, Fernkurs und Referate) zwischen den Wochenenden. Das vorliegende Buch ist nach dem Ende des ersten Kursdurchgangs und des ersten Baucamps in Ecuador entstanden.

Wie die "Steinschleuder"
zu ihrem Namen kam

(pk) Wenn der Name „Steinschleuder" genannt wird, weckt das nicht selten Aufmerksamkeit. Weil man meistens zuerst an eine Waffe denkt, schwingt in diesem Namen unweigerlich etwas Militantes mit. Umso interessanter ist es, zu erfahren, wie es zu dieser Namensgebung gekommen ist.

Zu jedem Problem gibt es eine Lösung

Die Idee zu einem Engagement in der Entwicklungszusammenarbeit bezog sich für die jugendliche Gründergruppe seinerzeit auf ein einziges, ganz konkretes Projekt, nämlich den Bau einer Krankenstation für „Tschernobylkinder" in der Ukraine. So wenig Wissen, Können und Reife zur Bewältigung der bald anstehenden Aufgaben in der damaligen Gruppe vorhanden waren, so ungleich viel größer war die idealistische Begeisterung, die schließlich das eigentlich Unmögliche Wirklichkeit werden ließ: Die Krankentation mit ihren 24 Betten konnte tatsächlich im Jahr 1994 nach drei Jahren fertig gestellt werden! Auf dem Weg zu diesem Ziel hatte die Gruppe immer wieder die Erfahrung gemacht, dass es zu jedem Problem eine Lösung gab. Mit den Empfindungen freudiger Erleichterung tauchte dieses Motiv immer wieder in den Morgen- und Abendkreisen auf und verdeutlichte, dass es sich bei dieser Erfahrung um ein wesentliches Lern- und Entwicklungsfeld handelt. Indem wir halfen und Hilfe organisierten, haben wir selbst wichtige Schritte der Entwicklung gemacht. Das wurde uns geschenkt!

Jugendliche helfen Kindern und Jugendlichen in Armutsregionen

Diejenigen, die sich in der Steinschleuder engagieren sind sich der Gunst ihres Schicksals bewusst, die sie in gut versorgten, sicheren Verhältnissen leben lässt. Und sie empfinden es als schmerzlich, dass solche Lebensbedingungen nicht für alle jungen Menschen gegeben sind. Aus dieser Spannung, die sich zwischen der eigenen Komfortzone und den bitteren Lebensrealitäten in anderen Teilen unserer Welt aufbaut, resultiert der Wille, mit den eigenen Möglichkeiten helfen zu wollen.

Nun geht es in der Steinschleuder nicht um eine Entwicklungszusammenarbeit im herkömmlichen Sinne, sondern um eine schul- und ausbildungsergänzende Lernerfahrung, die von gut versorgten jungen Leuten dort gesucht wird, wo Menschen in unsicheren und materiell armen Verhältnissen in gänzlich anderen kulturellen Kontexten auf ihre eigene Art das Leben führen. Darin entwickeln sie notgedrungen eine Kreativität und einen Sinn fürs Wesentliche, wie es uns noch gänzlich fremd ist. „Noch", weil auch uns mittelfristig ähnliche Lebensbedingungen bevorstehen könnten.

Steinschleuder – Bewegung zur Bewegung

Zuerst agierte die Initiative schlicht unter dem Motto „Den Kindern von Tschernobyl". Das passte für eine Weile gut, trug dann aber doch nicht mehr. Bei einem Treffen in Witten sprachen wir an einem langen Abend über die wunderbare Erfahrung, mit den eigenen, bescheidenen Mitteln die Welt tatsächlich zu einem Teil verändern zu können. Wir, die wir vor allem von Begeisterung getragen sind..., Jugendliche, die noch nicht über abgeschlossene Berufsausbildungen verfügen... Gemessen an den riesigen Problemen, derer wir uns annehmen, sind wir klein...

Schließlich tauchte das Bild vom kleinen David auf, der vor dem Riesen Goliath steht. Das faszinierte uns, weil ein „Kleiner" mit seinen bescheidenen Mitteln einem „Riesen" überlegen sein kann. Darauf, nicht auf die Gewalt der Waffe, kam es uns an, als wir uns den Namen „Steinschleuder" gaben. Und ein anderer aus der Runde meinte, dass außerdem knapp gesagt sein soll, was mit allem bewirkt sein will: „Bewegung zur Bewegung", Impulse in der Welt, die den Einzelnen zum guten Leben leiten, Einzelne, die sich in gemeinsam gemachten Erfahrungen grundsätzlich verändern. So war bald auf dem Briefpapier und auf den Infoheften zu lesen: „Steinschleuder – Bewegung zur Bewegung", mit den Zusätzen „Zu jedem

Problem gibt es eine Lösung" und „Jugendliche helfen Kindern und Jugendlichen in Armutsregionen".

Großer Wurf mit kleinen Steinen

Der Verein »Steinschleuder« hilft beim Aufbau von Lernorten im globalen Süden.

(dk/jf/vh) Wer kennt nicht die Legende von David und Goliath? Nur mit einer selbstgemachten Steinschleuder bewaffnet, besiegt ein Junge einen übermächtigen Riesen. Ein kleiner Stein konnte große Veränderungen bewirken. Der Verein »Steinschleuder« will durch interkulturelle Bildungsarbeit eine ähnliche Wirkung zu erzielen.

Angefangen hat alles nach der Nuklearkatastrophe im ukrainischen Tschernobyl 1986. Eine Gruppe von Jugendlichen aus Bochum fuhr in das Unglücksgebiet und baute dort in Kooperation mit den Menschen vor Ort eine Krankenstation auf. Nach drei Jahren intensiver Arbeit war das Projekt abgeschlossen, aber der Impuls, diese wertvolle Arbeit weiterzuführen, war erst geboren: So wurde die Organisation »Steinschleuder – Bewegung zur Bewegung e. V.« gegründet und war bald in allen Erdteilen aktiv:

zum Beispiel in Brasilien, in Irland, im Senegal, in Albanien und auf den Philippinen.

Schon während des Gründungsprozesses war klar: Unser Verein sollte von Jugendlichen und jungen Erwachsenen in Selbstverwaltung geführt werden und sich für die Unterstützung von lokalen Ideen und Initiativen in sogenannten Entwicklungsländern engagieren. Meistens unterstützen unsere Projekte Kinder und Jugendliche durch den Bau von Schulen, Kindergärten oder Bildungsbauernhöfen. Wir konzentrieren uns dabei auf ein konkretes Bauprojekt, um im gemeinsamen Tätigsein zusammenzukommen. Wichtig ist uns dabei, die Hierarchien flach zu halten: Der Bauleiter ist immer ein Einheimischer. Wir wollen nicht unsere Ideen und Lösungen importieren und langfristige Abhängigkeiten erzeugen; daher sind wir sehr behutsam und nutzen das Wissen vor Ort. Wesentlich für unsere Arbeit ist auch, nicht nur finanzielle Hilfe zu leisten, sondern jedes Jahr mit einer Gruppe von Jugendlichen vor Ort zu sein und im Rahmen eines Baucamps tatkräftig am Projekt mitzuarbeiten – eine interkulturelle Lernerfahrung.

Stolpersteine, die zum Nachdenken anregen

Manchmal kommen Erkenntnisse bei ganz alltäglichen Dingen, wie etwa bei den wechselnden Küchendiensten während unseres Baucamps im Senegal. Dort haben wir mit den Senegalesinnen stundenlang den Reis für die Gruppe von 35 Leute zubereitet; ihn wieder und wieder nach kleinen Steinen abgesucht, gewaschen und über kleinen Kohleöfen im Hof gedämpft. Schon allein durch die zwangsläufige Langsamkeit dieser Arbeit wurden die Unterschiede zu unserer durchgetakteten, industrialisierten Welt deutlich, aber auch die Selbstverständlichkeit ständig verfügbarer Lebensmittel wurde erschüttert. Ein ähnliches Gefühl stellt sich ein, wenn man feststellt, wie anstrengend es ist, ein Gebäude vom Fundament bis zum Dach in reiner Handarbeit zu bauen. Für die Schulräume in Tansania hoben wir zuerst ringförmige Fundamente aus, in die wir anschließend die Grundmauern setzten und zwischendurch immer wieder Säulen aus Beton gossen. Wegen der zugesetzten Kieselsteine wurde das Anmischen zu einem kräftezehrenden Knochenjob.

Solche Arbeit verrichteten wir tagelang, so dass sich bald ein gehöriger Respekt vor den tansanischen Arbeitern einstellte, deren tägliche Beschäftigung dies ist. Neben den Gebäuden wird so auch in allen beteiligten Köpfen – in unseren ebenso wie denen unserer Gastgeber – gewaltig viel umgedacht und gelernt.

Wirkliche Begegnung

Nach einigen Tagen Baucamp löst sich meist das Gefühl auf, bloß Besucher zu sein; die Beteiligten beginnen, Teil des Alltags vor Ort zu werden, denn das gemeinsame Arbeiten mit Einheimischen und die Unterbringung in Familien sind soziale Katalysatoren: Man wird von seiner Gastfamilie auf einmal als »little brother« oder »little sister« vorgestellt, oder der Familienvater nimmt einen auf der Straße, wie in muslimischen Ländern unter Freunden üblich, an die Hand. Diese Kraft der Gemeinschaft zeigt sich auch im Feixen auf der Baustelle, beim Essen und gemeinsamen Singen. So wie wir meist bestimmte Vorstellungen von sogenannten Entwicklungsländern haben, herrschen auch dort bestimmte Vorurteile über Europa vor. Es überrascht die Menschen vor Ort meist, wenn wir nach drei Tagen Baucamp immer noch arbeiten, statt uns touristisch zu vergnügen.

Neben dem Effekt, dass die Baucamps engen Kontakt zwischen Menschen aus verschiedenen Kulturen herstellen, bringen sie auch innerhalb der Steinschleuder-Jugendlichen einen besonderen Lernprozess ins Rollen. Zum einen wird ihnen deutlich, was sie im Alter von 16 oder 18 Jahren schon zu bewegen vermögen. Dass es möglich ist, ganze Schulen vom Fundament bis zum Dach selbst zu bauen, schafft Mut und Selbstvertrauen und wird auch nach 20 Jahren noch von vielen Ehemaligen als etwas Besonderes erinnert. Ein wohl noch größerer Lerneffekt ist, zu erkennen, dass vor Ort meist viel bessere Lösungen für Probleme existieren, als im Vorfeld angenommen wurde. Die Steine zum Bauen stellen die Einheimischen selbst her, und wenn ein Feld gegen die Einflüsse der Witterung geschützt werden soll, wissen sie am besten, welche windbeständigen Sträucher gepflanzt werden müssen. Wenn es uns wichtig ist, die Folgen der

Globalisierung und des Klimawandels in den Griff zu bekommen, müssen wir dorthin gehen, wo die Probleme sind; wir müssen die Menschen vor Ort fragen, was und wie etwas zu tun ist. Dieses Lernen ist so wichtig, dass wir mittlerweile sagen: Wir leisten keine Entwicklungshilfe. Wir sind diejenigen, denen in ihrer Entwicklung geholfen wird!

Reflexionsvermögen und handfeste Werkzeuge

Ein Grundsatz der Vereinsarbeit lautet: Die Projektideen existieren immer vor dem Kontakt mit der Steinschleuder. Bevor wir etwa in Tansania mit dem Bau von Schlafräumen für eine Schule begannen, wussten wir: Der Schulbetrieb und das pädagogische Konzept hatten sich schon bewährt, so dass wir sicher sein konnten, nicht Ideen zu importieren, sondern das umzusetzen, was vor Ort wirklich gewollt wird und sinnvoll ist. Genauso wichtig ist uns, dass die Gruppe nicht unvorbereitet auf die Situation vor Ort trifft. Deshalb geht den Baucamps eine intensive Vorbereitungszeit voraus. Dabei erarbeiten wir uns Wissen über das Land der bevorstehenden Reise, über seine Geschichte, Geografie, Sprache und Kultur, lernen Erste Hilfe und setzen uns mit dem Problemfeld der Entwicklungszusammenarbeit auseinander. Zu unse-rem Anspruch der Selbstorganisation gehört auch, dass die Teilnehmenden in die administrativen Aufgaben einge-bunden sind. Flüge buchen, Visa beantragen, Info-veranstaltungen organisieren und Spenden sammeln sind nur einige der Aufgaben, die die Jugendlichen selbst über-nehmen. Kein Baucamp ist wie das andere. Vieles darf und soll immer wieder neu ausgehandelt werden. Das ist zwar manchmal anstrengend, bringt aber immer wieder neue Ideen und Einsichten und macht die Steinschleuder zu einem lebendigen und pulsierenden Wesen. Zusätzlich zu diesen »normalen« Vorbereitungen haben wir einen Kurs entwickelt, in dem den Jugendlichen praktische und emotionale Werkzeuge für ihre Baucamp-Zeit mitgegeben werden: So lernen sie Fundraising, Öffentlichkeitsarbeit und Buchhaltung ebenso wie Achtsamkeit und Empathie. Die Erfahrung menschlicher Wärme ist eines der wichtigs-ten Elemente des halbjährigen Kurses. Solche Vorbereitung kann helfen, dass Steinschleuder-Projekte nicht nur eine Form von Abenteuerurlaub in der Fremde sind. Indem junge Menschen ihre Eigenverantwortung spüren, die globalen Probleme im direkten Kontakt erleben und auch verstehen, was wir von den Lebensweisen der Menschen lernen können, die ihren Reis nicht im Supermarkt kaufen, kann die Vision einer gerechten und ökologischen Welt geweckt und wachgehalten werden. So kommen vielleicht durch einen kleinen Stein auch größere ins Rollen.

(Dieser Beitrag ist zuerst in der Zeitschrift "OYA" erschienen, Ausgabe 39/2016)

Spurensuche:

Scheinbar Unmögliches ist doch möglich

Erfahrungen, die Menschen verändern

(pk) Es ist Sommer geworden. Das Pfadfinderheim in Castrop-Rauxel, einer typischen Arbeiterstadt im östlichen Ruhrgebiet, ist von ergrünten Bäumen umstanden. Als der Kurs vor sieben Monaten begann, war es nass, winterlich und dunkel rundherum. Und schon beim ersten Wochenende war es keine zaghafte Zurückhaltung, die unser Treffen bestimmte, sondern lebendige und freudige Neugier aufeinander, auf die Inhalte des Kurses und auf jene Veränderungen, die jeden von uns erreichen würden. Es war wie mit den Knospen draußen an den Bäumen, die der Frühlingssonne harrten und aus denen nun grüne Blätter gewachsen sind. Jetzt, im Juni 2016, ist der Kurs zu Ende und wir blicken gemeinsam zurück und reflektieren, was wir miteinander erlebt haben.

Wie man „es" erlebt: InterAKTION

Peter Krause: Mal ganz spontan: Was ist eure erste Erinnerung an den Kurs?

Marie Eckart: Die erste Ankunft in Castrop-Rauxel an einem grauen, verregneten Spätnachmittag. Die Straßen waren menschenleer. Dann traf ich plötzlich zwei andere aus dem Kurs, die trugen auch einen Rucksack. Sie hatten sich verlaufen.

Naline Margraf: Als ich heute ankam, habe ich daran gedacht, dass ich eine Gegend kennen gelernt habe, in die ich sonst bestimmt nicht gekommen wäre. Das finde ich schön, auch mal in Deutschland unterwegs zu sein und Leute aus ganz Deutschland zu treffen. Ja, und in Orte zu kommen, zu denen man sonst nicht fahren würde... So leben also auch Leute in Deutschland. Es ist ja eine ganz charakteristische Gegend hier! Das ist auch InterAKTION.

So beginnt es. Ich hatte vorher den Begriff InterAKTION

gelesen, hatte mir aber nichts Konkretes darunter vorgestellt. Also dieser Begriff hat für mich eine lebendige Bedeutung, ein Bild bekommen. Das kam durch die Dinge, die wir im Kurs gehört und erfahren haben. Wir haben unsere eigenen InterAKTIONen erlebt, haben Ausflüge gemacht und schon bis jetzt sehr viele Menschen und Lebensweisen kennen gelernt. Und nun kommt bald auch noch das Baucamp in Ecuador.

P. K.: Aha, das ist spannend. Lasst uns da mal etwas verweilen. Wie genau ist der Begriff InterAKTION lebendig geworden?

Stella Dikmans: Während der Trainingswoche im Ökodorf in Steyerberg haben wir als Gruppe zum ersten mal für eine längere Zeit praktisch zusammen gearbeitet. Da haben wir gemeinsam mit den Lebensgärtnern Bäume gepflanzt. Für mich ist das eine einprägsame Erfahrung gewesen.

M. Eckart: Da kamen wir auch erstmals mit Leuten zusammen, die nicht von der Steinschleuder waren, die aber auch eigene, besondere Projekte haben. Es war schön, von diesen Projekten etwas zu erfahren, und zu erleben, wie anders Menschen zusammenleben können. Vom Dorf erinnere ich die schönen Backsteinhäuschen und das Tanzen am Morgen vor der Arbeit…

S. Dikmans: … und in der Nacht, bei Vollmond.

N. Margraf: Da, in der Trainingswoche, erlebte ich Inter-AKTION als etwas Wärmendes und Nährendes. Das tat uns allen sehr gut! Es geschieht sehr viel an unbewusster InterAKTION, gerade bei der gemeinsamen Arbeit. In der Welt geschieht viel Gewaltsames, das manchmal daran liegt, dass Menschen sich so oft unachtsam verhalten. Es passiert viel Nichtschönes. Und da ist es toll, zu erleben, dass eine Gruppe Positives in die Welt bringt, weil sie sich wirklich zusammen tut.

M. Eckart: In der Gemeinschaft kann eine schöne Atmosphäre entstehen.

Veronica Grosso: Ja, gerade in der Verbindung mit der Natur ist das der Fall. Ich habe das Buch *„Das Prinzip Natur"* von Richard Louv gelesen und erkannt, wie eine schöne Gegend mit Pflanzen und Tieren gesundend auf den Menschen wirkt. Das war eine starke Erfahrung in Steyerberg.

In der Gruppe achtsam miteinander verbunden sein

S. Dikmans: Wenn wir als Kurs an anderen Orten mit anderen Menschen zusammen waren, in Gelsenkirchen und in Steyerberg, waren wir dennoch als Gruppe sehr achtsam miteinander verbunden. Das empfand ich als sehr stärkend.

P. K.: Ihr seid nicht nur erstmals an bestimmten Orten gewesen, sondern ihr als Gruppe habt euch auch erstmals im vergangenen Dezember getroffen. Wir alle sind uns damals zum ersten Mal begegnet. Das ist eine der sehr wichtigen Erfahrungen, denn daraus ist eine gute Gemeinschaft entstanden, an die wir uns schließlich alle immer erinnern werden.

M. Eckart: Ja, besonders das erste Wochenende werde ich in Erinnerung behalten. Der erste Eindruck war etwas ganz Besonderes.

N. Margarf: Das ist etwas, dass ich im Kurs neu entdeckt und gelernt habe: Wieder staunen zu können! So nimmt man die Welt anders wahr. Dem wäre ich ohne den Kurs so wohl nicht begegnet.

P. K.: Was erzählt ihr, wenn ihr mit irgendwelchen Leuten über den Kurs sprecht?

Jonas Kohlmann: Es kommt darauf an, mit welchen Leuten ich darüber spreche. Also es macht einen Unterschied, ob jemand eine etwas tiefsinnigere Ader hat, oder ob es ein Mensch ist, der oberflächlich ist. Wenn jemand dafür aufgeschlossen ist, dann sage ich, dass ich mit anderen, die ich vorher noch nicht kannte an einem Projekt arbeite, das mir persönlich weiterhilft, und bei dem auch für andere etwas Sinnvolles getan wird. Den oberflächlicheren Gesprächspartnern sage ich einfach, dass ich dabei helfe, in Ecuador eine Schule aufzubauen.

V. Grosso: Ich sage, dass der Kurs eine gute Gelegenheit dafür ist, die Welt und sich selbst zu entdecken. In der Gesellschaft, in der wir leben, leben wir meistens sehr passiv. Ich merke an mir selber, dass sich das durch den Kurs sehr geändert hat. Besonders an Steyerberg erinnere ich mich gern, weil es schon da eine Begegnung mit einer anderen Art des Lebens, also einer anderen Kultur war. Aber das ist ja erst der Anfang, denn die Reise nach Ecuador mit all den Erfahrungen kommt ja noch. Da werden wir wieder viel mitnehmen, weil wir von den Menschen lernen, die in einer anderen Kultur leben.

P. K.: Was sagst Du, Sebastian, wenn Du jetzt nach sieben Monaten der gemeinsamen Arbeit den Kurs erlebst? Was hat sich getan? Was ist das Wichtige in dem Entstandenen?

Sebastian Nahrwold: Auch für mich war der erste Eindruck, damals im Dezember, etwas Besonderes. Ich habe ja vor fast 25 Jahren die Steinschleuder mit ge-gründet, und jetzt, nach so langer Zeit, erlebe ich etwas, das sich erhalten hat. Die Jugendlichen, die heute aktiv sind, die am InterAKTION-Kurs teilnehmen, die kannte ich vorher nicht. Und trotzdem war ganz viel Verbindendes sofort wieder da. Schon nach den ersten paar Minuten. Ja, wie ihr über die Themen des Kurses sprecht, wie ihr die Sachen angeht, da ist etwas Gemeinsames, das durch alle Jahre hindurch gleich geblieben ist. Ihr redet miteinander, pflegt eine besondere Art der Kommunikation, die tatsächlich achtsam und aufgeschlossen ist. Das kenne ich schon von früher. Im Alltag kommt das ja nicht so oft vor.

Marcel Botthof: Ich kann das bestätigen,was Sebastian gesagt hat. Ich erinnere mich auch sehr gut an die Gründung der Steinschleuder, und ich finde auch in dieser Gruppe vieles wieder, was uns schon damals miteinander verbunden hat. Ich war ein paar Mal bei euren Wochenenden dabei. Mein Eindruck ist, dass wirklich eine gute Gruppe entstanden ist. Da ist ein Teamspirit, der euch tragen wird, auch wenn es mal schwierig wird.

„Man sieht nur mit dem Herzen gut..."

Nun ja, was hat sich verändert? Zum Beispiel: Am Anfang habt ihr eure Fragen eher intellektuell gestellt. So wie ihr es aus der Schule mitgebracht habt. Aber das hat sich verändert, ist frischer und lebendiger geworden. Jetzt ist mehr Mensch in euren Worten, so will ich es mal sagen. Die Worte kommen nicht mehr so aus dem Kopf, sondern aus euren Herzen. Die Qualität eurer Wahrnehmung hat sich verändert. Ihr blickt tatsächlich anders auf die Welt. Das ist ein gewaltiger Schritt nach vorne. Das finde ich großartig, denn das wird euch das ganze Leben begleiten können.

P. K.: Das war das Hauptanliegen im Kurs, dass die Wahrnehmung offener und feiner wird, dass das Herz angesprochen wird, wenn wir in unserem alltäglichen Leben unterwegs sind. Ist das in den zurückliegenden Monaten ein bisschen gelungen?

M. Eckart: Auf jeden Fall! Mir gefallen die Begriffe essenziell und existenziell sehr gut. Du hast uns erklärt, dass die für die beiden Möglichkeiten stehen, wie wir mit der Welt verbunden sein können. Darauf kann man im Alltag immer wieder mal achten. Wo bin ich gerade? Kalkuliere ich nur, denke ich bloß an gestern und morgen, oder kann ich ganz in der Gegenwart sein und zum Beispiel über die Eichen vor dem Fenster staunen?

J. Kohlmann: Die Dinge, die wir im Wirtschaftskurs besprochen haben, haben mir die Augen geöffnet. Ich gehe irgendwie anders durch die Stadt. Wenn man an so einem Bekleidungsmarkt vorbeigeht und überlegt, wie z.B. diese billigen Kleidungsstücke entstanden sind... Was kommt für den Menschen, der so ein billiges T-Shirt genäht hat am Ende dabei heraus? Meine Wertschätzung der Sachen hat zugenommen.

S. Dikmans: Staunen ist ein schöner Begriff, aber bei mir, in meinem Alltag in der Stadt, ist das schwer. Wenn ich hier bin, dann kann ich staunen, dann ist die Wahrnehmung eine andere. Dadurch hat sich auch meine Art des alltäglichen Wahrnehmens verändert, aber dennoch sind das Staunen und das Spielen im Leben nicht einfach.

P. K.: Johanna, du hast mit deinen eigenen Steinschleudererfahrungen und aus deinem Medizinstudium manches zum Kurs beigetragen. Was sagst du rückblickend? Warum engagierst du dich für den InterAKTION-Kurs?

Johanna Fürst: Auf diese Weise kann ich dazu beitragen, Jugendlichen Werkzeuge für das eigene Leben mitzugeben. Das hat sehr viel damit zu tun, dass man lernt, die Welt mit anderen Augen zu sehen. Wenn ich mich jetzt an diesen Kurs erinnere, dann begeistert mich, was die Gruppe alles geleistet und auf die Beine gestellt hat. Das überrascht mich zwar nicht, denn ich kenne das aus meiner eigenen Steinschleuder-Erfahrung, aber es stimmt mich positiv und erfreut mich.

Neue Fähigkeiten entwickeln

Melanie Metlen: Ich freue mich jetzt sehr darauf, diese gut vorbereitete Gruppe nach Ecuador zu begleiten. Was wir jetzt machen werden ist kein Schnellschuss, sondern wirklich gut vorbereitet.

P. K.: David, vor jetzt zwei Jahren standen wir beim Steinschleuder-Treffen zusammen mit Caro am Lagerfeuer und hatten die erste Idee für den Kurs, der in seinem ersten Durchgang heute zu Ende geht. Was denkst du, wenn du dich gerade heute an diesen Moment erinnerst?

David Kannenberg: Der Weg der Vorbereitung war ein anderer als in den letzten Jahren, und darum bin ich neugierig, was und wie wir in Ecuador erleben werden. Im Bild kann ich vielleicht ausdrücken was ich meine: Es ist ein Baum mit festen Wurzeln, mit einem festen Fundament. Diesem Baum wird es nichts ausmachen, wenn es mal windig wird. Wenn der Baum fest in der Erde steht, dann kann er oben vom Wind auch bewegt werden.

Das ist es. Wir haben an den Wurzeln, am Fundament gearbeitet! In den letzten Jahren haben wir uns bei der Vorbereitung der Baucamps stark darauf konzentriert, die vielen Sachfragen zu beantworten. Wann fliegen wir wohin? Welche Impfungen sind nötig? Darüber haben wir jetzt natürlich auch gesprochen, aber nicht so lange und so viel. Die Sachfragen hatten ihren Platz, aber der Kern der Beschäftigung war ein anderer. Wir haben einen festen Standpunkt erarbeitet, nicht jeder einzelne für sich, sondern wir alle gemeinsam.

Jetzt können wir frei und flexibel darauf zugehen, was in Ecuador passiert. Davon wissen wir vieles noch nicht, denn das wird das Leben dort bringen. Wir haben uns darauf vorbereitet, aber beim Baucamp wird sich vieles täglich ändern. Dafür, für das Unerwartete und Spontane, sind wir gut aufgestellt. Jetzt schauen wir mal was passiert.

Die Suche nach Menschen, die die Teilnahme
am Kurs ermöglichen

P. K.: Lasst uns nun mal darauf schauen, dass ihr alle ja Menschen gefunden habt, die euch das alles ermöglicht haben, indem sie einen finanziellen Beitrag geleistet haben. Unser Konzept ist ja, dass die am Kurs Teilnehmenden für die Kosten nicht selbst aufkommen, sondern dass es andere sind, die das tun. Diesen Menschen habt ihr ja irgendwie erklärt, was ihr vorhabt. Was für Erfahrungen habt ihr damit gemacht?

V. Grosso: Am Anfang war ich sehr ratlos. Wie sollte ich meine Paten finden? Zum ersten Treffen sollten ja bereits die ersten Paten gefunden sein. Das fand ich schwierig, weil ich den Kurs noch nicht erlebt hatte. Ich konnte mir damals noch nicht vorstellen, wie es werden würde mit dem Kurs. Ein gewisser Zweifel blieb sogar auch später noch. Wie sollte ich das hinbekommen, Menschen zu finden, die mir die Teilnahme am Kurs ermöglichen? Jetzt, wo ich diese Menschen gefunden habe, sage ich mir, dass ich darüber staunen kann, dass es Menschen gibt, die mir das alles ermöglichen. Ich habe von Menschen etwas bekommen, von denen man es normalerweise gar nicht erwarten würde. Dann entdeckt man plötzlich, dass man diesen Menschen viel wichtiger ist als man es bisher gedacht hat. Ich erinnere mich zum Beispiel daran, wie ich mal die Übersicht der Einzahlungen für mich bekommen habe, und sah, dass die Mutter einer Freundin etwas für mich eingezahlt hatte. Das war eine echt schöne Überraschung!

S. Dikmans: Das ist eine schöne Idee, dass andere einem das Ganze ermöglichen. Es sind viele Menschen, die sich dazu entschlossen haben, uns zu finanzieren. Andererseits fühle ich demgegenüber eine richtig große Verantwortung. Dadurch, dass so viele Menschen damit verbunden sind, fühle ich mich sehr verantwortlich bezüglich dessen, was nun in Ecuador passieren wird. Menschen vertrauen uns, aber nun müssen wir auch etwas liefern.

N. Margraf: Das ist der eine Teil. Der andere Teil ist, dass die Menschen die uns finanzieren, das aus eigener Freiheit und Verantwortung getan haben.

S. Dikmans: Ich fühle mich ja nicht schuldig oder so, denn die Leute wissen ja auch, dass sie mir persönlich in meiner Entwicklung weiter helfen. Dafür kann ich direkt nichts zurückgeben. Es ist alles eben nicht mehr so frei wie wenn ich es selbst gemacht, also finanziert, hätte.

M. Botthof: Das ist auch eine besondere Form der Inter-AKTION.

S. Nahrwold: Ich kenne das aus meiner Zeit auch, dass ich sehr beeindruckt war von dem Vertrauen, dass mir und meinem Handeln entgegengebracht wurde. Wir sind damals durch die Gegend gefahren, haben Vorträge zu unseren Projekten gehalten und Spenden bekommen. Das ist ein großes Vertrauen, dass einem da entgegenkommt. Und daraus entsteht ein innerer Auftrag, den man fühlt und erfüllen will. Kann dir jemand ein größeres Kompliment machen, als zu sagen, dass er an dich glaubt?

J. Kohlmann: Ich habe bei einem Konzert der Band meines Vaters eine Sammlung gemacht. Das war ein komisches Gefühl, da zu stehen und die Leute anzusprechen. Aber es war zugleich ein gutes Gefühl, wenn jemand kam und gespendet hat. Es kamen an dem Abend viele interessante Gespräche zustande, auch mit anderen Jugendlichen, die vielleicht selbst den Kurs absolvieren wollen.

Aus Erfahrung Mensch!

P. K.: Denkt jetzt mal voraus und stellt euch vor, wie es in Ecuador sein wird. Was darin wird das wirklich Besondere sein?

M. Eckart: Im Moment bin ich erst mal aufgeregt, ob alles klappt. Ich bin gespannt auf die Menschen, die wir kennen lernen werden.

J. Kohlmann: Ich weiß überhaupt noch nicht was auf mich zukommt. Ich werde zum ersten mal über Europa hinaus reisen. Darum bin leicht nervös, freudig gespannt...

V. Grosso: Wenn ich Bilder von der Sonnenschule sehe erinnere ich mich an meinen Aufenthalt in Costa Rica. Manches ähnelt sich. Trotzdem glaube ich, dass es in Ecuador ganz anders werden wird, schon allein deswegen, weil wir in einer ländlichen Umgebung sein werden.

S. Nahrwold: Es ist schön mit zu erleben, dass ihr aufgeregt seid. Ihr macht ja auch gerade sehr wichtige Erfahrungen, die euch verändern. Wenn ihr später in euren Lebenslauf schreibt, dass ihr diesen Kurs gemacht habt, dann werdet ihr Aufmerksamkeit wecken. So etwas kommt nämlich immer gut an. Bestimmt in achtzig Prozent der Bewerbungsgespräche, die ich im Laufe der Zeit geführt habe ist der Punkt „Steinschleuder" ausführlich besprochen worden.

M. Botthof: In meinem Beruf lese ich fast täglich Bewerbungen. Viele davon lege ich sofort zur Seite. Und andere eben nicht, zum Beispiel weil der Lebenslauf interessant und farbig ist. Wenn ich von euch eine Bewerbung lesen würde, würde ich erkennen, dass ihr euch zu engagieren wisst, dass ihr euch einbringt und offen für das Neue seid. Auf den beruflichen Alltag übertragen ist genau das interessant.

S. Nahrwold: Ja genau! Grundsätzlich kann es ein Problem sein, wenn man sich zu sehr mit alltäglichen Sachfragen beschäftigt, statt sich den Wurzeln zuzuwenden. Motivation entsteht nicht anhand abstrakter Ziele, sondern aus dem Gefühl. Wenn man das Grundsätzliche, das Tiefgehende erlebt und zu verstehen versucht, dann lassen sich viele Aufgaben sehr schnell lösen. Solche Menschen, Menschen die genau das können, also euch brauchen wir in der Welt!

Guerilla des guten Willens

Der Drang, die Welt nach eigenen Vorstellungen verändern zu wollen ist in jedem Menschen veranlagt. Die
Vorstellung von dem wie „es" sein könnte oder gar
müsste, folgt latenten Empfindungen auf den Fuß. Junge
Menschen begegnen solchen Vorstellungen noch spontan,
empathisch, weil sie sich noch nicht angepasst – will
heißen „an das So-sein" gewöhnt – haben. Ihrem Verän-
derungsdrang sind die Grenzen des verbürgerlichten
Lebens in Pflichten und Normen noch nicht gesetzt.
Darum ist die Zeit der Jugend für die ganze Menschengemeinschaft so wertvoll, denn in keiner Zeit der Biografie ist ein Mensch so innovationsfreudig wie in den letzten
Jahren seines Noch-nicht-Erwachsenseins. Junge Menschen wissen besser als die Alten, was wie sein könnte
und sollte, aber sie müssen es noch lernen, damit umzugehen, sich also darin üben, die Flamme zu bewahren und
den eigenen Idealen zu vertrauen.

Am 27. April 1992, in der damaligen orthodoxen Oster-
nacht, wurde auf dem Nachauseweg von einer kleinen
Kirche im ukrainischen Slowjansk in einer Gruppe
Jugendlicher die Idee geboren, mit den eigenen Möglichkeiten die Welt ein Stück weit zu verändern. Zuerst
ging es, bis 1994, um den Bau einer Kranken-station für
Tschernobylkinder, danach folgten, bis heute, Hilfspro-
jekte in verschiedenen Ländern der Erde (Brasilien, Argentinien, Irland, Albanien, Ghana, Senegal, Tansania,
Philippinen). Die Initiative bekam ihren Namen „Steinschleuder – Bewegung zur Bewegung" und wurde zu
einem von Jugendlichen selbstverwalteten Verein. An den
Projekten haben im laufe der Jahre viele hundert junge
Menschen teilgenommen, die dabei Entwicklungszusammenarbeit im besten Sinne kennen lernten. Häuser,
Wasserleitungen, Ambulatorien, Schulen, Krankensta-
tionen, Kindergärten usw. wurden (und werden) gebaut,
wo das nicht einfach ist. Dafür werden Spendengelder ak-
quiriert, Praktika im Handwerk absolviert, Freizeit ein-
gebracht und Ferien auf Baustellen in fernen, unwirtlichen Ländern verbracht.

Angesichts von nun schon fast 25 Jahren des Bestehens ist es eine interessante Frage, wie derart typische, prägnante Erfahrungen im Leben von Erwachsenen gegenwärtig geblieben sind und wirken, die sich als junge Menschen mit davidischem Mut dem Riesen stellten. Wenn es im Leben gut geht, wird ein Mensch darin nicht locker lassen, die Welt verändern zu wollen. Und wenn es nicht so gut geht, bedarf es gelegentlicher Erschütterungen und Krisen, um die Quelle idealistischer Innovationsfreude wieder sprudeln zu lassen. Was auf jeden Fall bleibt, ist die Entwicklung der Welt, die nicht ohne weiteres in der Richtung zum Positiven verläuft. Wachsamkeit, Vertrauen und ein gesundes Maß an Empörung gehören zum Leben bestenfalls dazu. In der Steinschleuder kann das gelernt und geübt werden – für das eigene Leben und für uns alle, für die Menschen, und für die ganze Welt. So groß ist der Anspruch dieser verhältnismäßig kleinen Initiative, die doch so Wichtiges bewirkt!

Das folgende Gespräch haben Steinschleuder-Ehemalige miteinander geführt. Daran teilgenommen haben: Marcel

Botthof (ist als gelernter Demeter-Landwirt als leitender Angestellter eines Handelsunternehmens tätig), Rebekka Breth (arbeitet als Kindergärtnerin), Johanna Fürst (Studentin der Humanmedizin), David Kannenberg (gelernter Schreiner und studierter Soziologe, arbeitet am Theater) Peter Krause (freier Journalist und Buchautor), Sebastian Nahrwold (einer der Mitbegründer der Steinschleuder, bietet Kraftsport- und Selbstverteidigungstrainings an) und Ingo Weerts (engagiert sich beruflich als Sekretär einer Gewerkschaft).

Peter Krause: Ihr alle seid für einige Jahre eures Lebens in der Steinschleuder aktiv gewesen, bzw. seid es auch noch. Andere gehen mit der gleichen Intensität sportlichen Aktivitäten nach, spielen in einer Band, engagieren sich im Roten Kreuz oder sind für das Gemeinwohl in irgendwelchen NGOs aktiv, von denen es heutzutage ja viele gibt.

Die Begegnung

Worum es in diesem Gespräch gehen soll, ist, inwiefern euch die Erfahrungen, die ihr in der Steinschleuder macht, bzw. gemacht habt persönlich verändert haben. Was ist anders geworden dadurch, dass ihr euch mit der Not von Menschen so intensiv beschäftigt habt, dass ihr besondere Wege dafür geebnet und beschritten habt, einen hilfreichen Beitrag an Orten zu leisten, an denen vordergründig vor allem die Armut und die Not das Leben der Menschen bestimmen? Wie seid ihr überhaupt zur Steinschleuder gekommen? Was hat euch so angesprochen, dass ihr da eingestiegen seid?

Sebastian Nahrwold: Meine Jugenderfahrungen, die mich zur Gründung der Steinschleuder führten hab ich vor dem Hintergrund der damals aktuellen Ereignisse gemacht. Tschernobyl, die zunehmende Gefährdung des ökologischen Gleichgewichts und das Ende des Kalten Krieges zum Beispiel. Aber auch das Aufkeimen des Neofaschismus in den 1980er-Jahren war fürchterlich. Es schränkte die Freiheit fühlbar ein, weil man wusste, dass man diese Idioten möglicherweise auch auf irgendeiner Dorfdisko trifft. Dagegen habe ich mich sehr gewehrt und mit Gleichgesinnten verbündet.

Johanna Fürst: Schon als kleines Kind, so in der zweiten, dritten Klasse habe ich mich für diesen Bereich interessiert. Ich weiß nicht warum, auch meine Eltern wissen das nicht. Es war einfach schon immer so. Irgendwann habe ich die Steinschleuder gefunden. Die Diskussionen untereinander und die Teilnahme an den Projekten haben mich dann persönlich auf meinem Weg weiter gebracht.

Marcel Botthof: Ich war damals 14 Jahre alt und habe einen Vortrag der Steinschleuder für Jugendliche gehört. Ich war ein Punk, war mit der Welt nicht zufrieden und begann damit, mich für Politik zu interessieren. Ich wollte mich einfach nicht damit abfinden, dass die Erwachsenen sagten, dass man sich mit dem Leben wie es läuft abfinden soll, man an der Welt nichts wirklich verändern kann.

Wichtig war sicherlich, dass ich schon damals gern gearbeitet habe. Ich will immer etwas tun. Als Schüler an der Waldorfschule fand ich den Gartenbauunterricht immer klasse, weil man da erleben konnte, dass etwas vorangeht. Diese praktische Neigung spielte sicherlich eine wichtige Rolle für meinen Weg zur Steinschleuder, weil da Gedanken, die die Welt verändern in der wirk-lichen Welt, auf Baustellen ankommen.

Ingo Weerts: Ich habe damals an den Jugendtreffen der Christengemeinschaft im Ruhrgebiet teilgenommen. Daraus ging die Steinschleuder ja hervor. Durch die große Jugendtagung im Jahr 1992 hat sich das kanalisiert, dass da eine feste Gruppe war, die den Anfang der Steinschleuder gebildet hat. Die Tagung selbst ist mir noch sehr gut in der Erinnerung. Sie war ein erstes Aufleuchten, denn allein das Organisatorische war eine Riesenaufgabe. Wir haben das mit großer Kraft vorbereitet. Das war eine Initialzündung dafür, zu sehen, was machbar ist, wenn eine kleine Gruppe ein großes Ideal hat. Da kann viel in Bewegung geraten. Es kamen Spenden, die es ermöglicht haben, dass 1.200 Jugendliche aus 28 Ländern der Erde teilnehmen konnten. Es war bei der Tagung auch etwas besonderes, dass viele aus der ehemaligen Sowjetunion dabei waren. Die Grenzen waren weg, die Welt war eine andere geworden!

Rebekka Breth: Als junges Mädchen ging es mir an der Schule mal gar nicht gut, weil ich gemobt wurde. In dieser Zeit erfuhr ich von einem Treffen der Steinschleuder, das in Stuttgart stattfand. Da bin ich hin gefahren. Ich kann mich noch sehr gut erinnern, wie ich dort ankam. Sebastian und Ingo standen vor der Tür der Kirche der Christengemeinschaft und haben mich, die sie ja noch gar nicht kannten, sehr herzlich begrüßt. Auch zu den anderen in der Gruppe fand ich sofort Kontakt. Ich traf zum ersten Mal Menschen, bei denen ich das Gefühl hatte, dass ich so sein kann wie ich bin. Die waren alle, ich sage mal, sehr aufgeschlossen und doch auch individuell.

P. K.: Was ist damals in Dir passiert, als diese für Dich neuen Erfahrungen eintraten?

I. Weerts: Es tat sich eine neue Perspektive auf. Ich bekam ein Rüstzeug dafür, auch andere und größere Projekte anzupacken. Waldorfschule und Elternhaus waren einerseits die heile Welt, während die große Welt voller Krisen und Probleme war. In der Steinschleuder kam die heile Welt mit der großen Welt zusammen.

S. Nahrwold: Was an der Steinschleuder so wichtig war und ist, ist, dass es etwas gibt, „wofür" man sein kann. Das haben wir damals, als wir die Steinschleuder gegründet haben, sehr stark in den Vordergrund gestellt. Ich selbst war in Köln z.B. in der Antifa politisch aktiv. Da hat man sich vor allem über ein „dagegen" definiert. Es ging um Ablehnung und Verhinderung. Bei der Steinschleuder geht es um ein Ermöglichen, um eine positive Energie. Das gab der Sache sofort einen ganz anderen Drive.

David Kannenberg: Ich war 16 als ich der Steinschleuder begegnet bin, ein Freund hat mich mitgenommen zu ei-

einem Vortrag, den Valentin Vollmer an unserer Schule hielt. Richtig begeistert war ich aber erst, als ich das erste mal an einem Jugendwochenende teilgenommen hatte, zu dem sich die Aktiven in der Steinschleuder in gewissen Abständen treffen. Da habe ich eine Art Gleichklang gespürt. Man begegnete sich mit großer Offenheit. Darin erlebte ich eine große Nächstenliebe, und eine ebenso große und entschiedene Bereitschaft, an der bestehenden Welt etwas zu verändern. In mein erstes Baucamp bin ich im Jahr 2000 nach Irland mitgefahren.

Veränderungspotenzial erleben

M. Botthof: Mein erstes Jugendwochenende war im Waldhaus der Steinschleuder. Eine Hütte im Wald, um- geben von Feldern. Dahin musste man erst mal ein ganzes Stück laufen. Als ich da ankam, arbeiteten schon alle im Wald. Und ehe ich mich versah, hatte ich auch Werkzeug in der Hand und war am arbeiten. Die hatten sofort Ver- trauen zu mir. Normalerweise ist man ja eher vorsichtig, sagt, dass jemand noch nicht genug Erfahrung hat, aber in der Steinschleuder bekommt jeder sofort seinen Platz. Das ist ein großes Vertrauen, das man sofort spürt. Diese Wertschätzung ist eine wichtige Erfahrung, die mir auch heute noch ein großes Anliegen ist.

P. K.: Nochmal: Was genau hat euch bewogen, bei der Steinschleuder mitzumachen? Was hat euch angesprochen, und wie habt ihr als Jugendliche die Welt erlebt?

J. Fürst: Für mich spielt der Name „Steinschleuder" schon eine große Rolle. Wenn ich jemanden von uns erzähle, fließt die Geschichte des Namens gleich mit ein. David gegen Goliath: Man kann mit kleinen Maßnahmen viel mehr verändern als man zuerst meint. Ich bin zur Steinschleuder gekommen, weil ich in der komplizierten, manchmal schrecklichen Welt etwas verändern will. Es ist sicherlich nicht möglich, von Jetzt auf Gleich eine gute Welt zu schaffen, aber kleine Schritte sind dennoch immer möglich.

Ich kenne genügend Leute, die sagen, dass sie nichts machen können, und die sich darum irgendwie abkapseln. Es gibt junge Leute, die einen Verdrängungsmechanismus in sich haben, der durch das alltägliche Leben sogar gefördert wird. Da spielen die neuen Medien eine große Rolle. Sogar auf den Philippinen habe ich erlebt, wie eigentlich alle jungen Leute, trotz der allgegenwärtigen Armut, ein Smartphone haben, mit dem sie beschäftigt sind.

R. Breth: Als junges Mädchen war ich mir noch nicht im klaren darüber, was ich eigentlich will. Die Sehnsucht lebte eher im Gefühl, ohne dass ich deuten konnte, wohin es mich zog. Das Leben wahrhaftig anzuschauen, sich mit Menschen darüber auszutauschen, das wollte ich damals schon. In der Gemeinschaft mit anderen bekommt man sofort einen erweiterten, volleren Blick auf das Leben.

D. Kannenberg: Die Begegnung mit der Steinschleuder fiel bei mir in eine Phase, in der ich mit dem Alltäglichen nicht zufrieden war. Sachzwänge waren mir damals schon zuwider. Ich wollte es nicht akzeptieren, dass etwas immer so bleiben muss wie es gerade ist. Daraus kann man seinen eigenen Willen nicht gut ableiten. Diese Haltung habe ich damals aber noch nicht in irgendeinem Engagement ausgedrückt. Das änderte sich, als ich zur Steinschleuder kam.

M. Botthof: Ich hatte auch eine große Abneigung gegen alles Starre. So wie David es ausgedrückt hat, könnte ich auch sagen: Sachzwänge waren mir erst mal zuwider. Ich war auch gegen Krieg, Waffen, Kommerz und so. Die typische Antihaltung eben. Darin war ich damals ziemlich radikal. Ich wollte es nicht hinnehmen, dass die Welt so ist wie sie ist, und man daran nichts ändern kann. Und dann wollte ich etwas tun, dem Menschlichen folgen, Zeichen setzen.

R. Breth: Mein Verhältnis zur Welt war damals so, dass ich stürmisch vieles erst mal infrage gestellt habe. Das hängt auch mit meiner Kindheit zusammen, in der ich viel Verunsicherungen erfahren habe. So suchte ich als Jugendliche eine Art Heimat, die ich in der Steinschleuder dann fand.

I. Weerts: An allem in meiner Umwelt habe ich sehr starken Anteil genommen. Irgendwie war ich wie ein Schwamm. Ich war politisch sehr interessiert. Wenn es um Ungerechtigkeiten, Verbrechen, Kriege ging, bekam ich immer große Ohren. Da staute sich einiges an. Es war ja Anfang der 1990er-Jahre auch eine ganz andere Zeit als heute. Die Gesellschaft war so, dass man sich als alternativ-links denkender Mensch nur als außerhalb der Gesellschaft empfinden konnte. Mein Innenleben bestand zu einem nicht geringen Teil aus Aggressionen, aber das war auch eine große Kraftquelle.

P. K.: Rebellisches, das auch das Leiden an der Welt nicht auslässt...

I. Weerts: Ja, ich kann von mir sagen, dass ich mir das Leid der Welt ein Stück weit aufs eigene Brot geschmiert habe. Davon, dass man darunter leidet, geht es jemand anderem aber noch nicht besser. Es war aber eine Form der Anteilnahme, die das Feuer in mir entzündet hat.

Opposition! Und dann?

P. K.: Jugendliche opponieren eben?! „So wie es läuft, läuft es nicht gut", ist die eine Grunderfahrung. Viele verbittern sogar im „no Future". Etwas anderes ist eine Ahnung von dem, wie es anders sein könnte. Welche Ahnung lebte damals in euch? Hättet ihr damals den Gegenstand eurer Sehnsucht beschreiben können, oder war alles nur ein Bauchgefühl?

M. Botthof: Auf jeden Fall wollte ich ein menschliches Miteinander. Ein Handeln aus dem Herzen und aus der Liebe. In Deutschland ist es ja so, dass die Menschen eher kühl und zurückhaltend sind. Das habe ich später in Südamerika ganz anders erlebt. Und dann wollte ich immer schon ein völkerübergreifendes Leben. Wozu Grenzen? Ob äußerlich zwischen Ländern, oder innerlich zwischen Menschen, das muss nicht sein.

Uns geht's gut, wir können irgendwohin gehen, um was zu machen. Wir haben die Kräfte dafür frei. Wenn jemand ums Überleben kämpft, kann er sich nicht um das Leiden in seiner Umgebung kümmern. Ich komme selbst nicht aus begüterten Verhältnissen. Was ich wollte musste ich mir erringen. Aber im Blick auf die Welt hatte ich das Gefühl, dass es uns in Deutschland ziemlich gut geht und wir allenfalls auf hohem Niveau klagen.

D. Kannenberg: Es war nicht so sehr „no Future". Ich wohnte bei meinen Eltern, ging zur Waldorfschule, war irgendwie doch brav. Meine Sicht auf die Welt war nicht nur ablehnend, sondern auch so, dass ich davon ausging, dass es etwas anderes geben muss. Ich habe es nur noch nicht gesehen. Gesehen habe ich vor allem was ich nicht wollte. Und dann vielleicht ganz grob in Werten: Das Leben und der Umgang von uns Menschen miteinander müsste fairer sein. Offener, menschlicher und undogmatischer, so mein Wunsch, sollte unser Verhalten als Menschen sein.

P. K.: Wo und wie hast Du das im Alltag erlebt?

D. Kannenberg: Auf mich selbst und mein eigenes Leben bezogen waren es Kleinigkeiten, die mir missfielen. Die Schule, dies und das im Alltag. Ich erinnere mich aber auch an die Anschläge von 9/11. Damals unterhielt ich mich mit einem Freund darüber, der meinte, dass die Anschläge nicht die Falschen getroffen hätten. Darüber war ich schockiert. Man kann doch nicht über Menschen werten und richten!

I. Weerts: Nicht werten und richten? Das war auf jeden Fall auch ein Ziel für mich, zu dem ich wollte, denn viel von dem was ich gemacht habe, war zunächst in einer Antistimmung verankert. Ich nahm an Demos gegen Atomenergie oder gegen Faschos teil. Das waren so Antisachen, zwar nötig, aber eben „gegen" etwas. Bezüglich meiner Sehnsucht schwebte mir vor, dass eine andere, gute Welt doch möglich sein müsste. Es müsste doch möglich sein, dass sich Länder und ganze Kontinente jenseits von Macht und Ausbeutung organisieren lassen.

J. Fürst: Man kann mit kleinen Taten etwas anstoßen, etwas Größeres ins Rollen bringen. Ich persönlich kann mit dem Gefühl nicht leben, es nicht versucht zu haben, etwas zu verändern. Natürlich sind die täglichen Nachrichten ziemlich frustrierend. Man könnte meinen, dass alles immer noch schlimmer wird. Dabei hat es für mich Priorität, dass ich mein Bestmögliches gebe.

Die Ideale: Unendlich fern und doch so nah!

P. K.: Sebastian, Du hast 1994, damals warst Du 20 Jahre alt, in einem Interview über Ideale (Flensburger Heft Nr. 46 *„Jugendideale"*, Seite 98) gesagt: „Dass ein Ideal irgendwie unerreichbar ist, sehe ich auch so. Aber es hat keine lähmende Wirkung, wenn man sein Ideal nie erreicht, wenn man es nie schafft, denn dann bräuchte ich gar nicht erst anfangen, es zu erreichen. Ein Ideal ist etwas, das einen zum Handeln treibt, auch wenn ich es nicht erreichen kann. Das Ideal ist die treibende Kraft." Für die Ideale der Steinschleuder wurden Formulierungen gefunden, die nun schon seit über 20 Jahren „treibende Kräfte" sind: „Bewegung zur Bewegung", „Kein Problem ist so groß, dass man es nicht lösen kann" oder „Jugendliche helfen Kindern und Jugendlichen in Armutsregionen". Wie realistisch ist es, dem Handeln junger Menschen solche Slogans als Überschrift zu zu ordnen?

I. Weerts: Mit Sicherheit war auch eine Prise Größenwahn dabei. Aber die Ideale, die wir damals in diesen Slogans gefasst haben, die dürfen ja auch glänzen, wie ein in gewisser Weise unerreichbarer Stern. Sie haben trotzdem eine Bedeutung.

S. Nahrwold: Was wir damals angefangen haben, haben wir zunächst nur über das Gefühl gemacht. Wir waren emotional angesprochen. Es ging mir persönlich auch nicht darum, irgendwelche Erwartungen zu erfüllen, sondern ich wollte etwas machen, was sich für mich persönlich einfach richtig anfühlt. Das Feeling war für mich wichtiger als die intellektuelle Begründung; die kam später dazu.

Mir ist die Namensgebung mit den Untertiteln und Slogans gar nicht leicht gefallen, weil ich es schwer fand, das Eigentliche in Worte zu fassen. Es stimmt aber völlig, was wir dann gemeinsam herausgefunden und formuliert haben. Das Gefühl, das sich einstellte, wenn man anderen von der Initiative berichtet hat, das hat sich sofort übertragen. Das habe ich in den vielen Vorträgen immer wieder erlebt, die ich in ganz Deutschland gehalten habe.

Wir hatten keineswegs alles genau und detailliert geplant, als wir das erste Baucamp durchgeführt haben. Es ist vieles einfach passiert, wir haben im Tun gelernt. Dabei hat uns eine Welle von Interesse und Sympathie getragen. Von überall kamen plötzlich die Spenden und der Zuspruch. Ehrlich gesagt hat uns das damals ziemlich überrascht.

P. K.: Sterne geben Orientierung, besonders wenn es mal dunkel wird. Sind diese hohen, fernen Sterne mit euren damaligen, bzw. heutigen Idealen identisch?

I. Weerts: Ja, das kann man so sagen, wenn gleich die

Motivation, bei der Steinschleuder mitzumachen, bei den verschiedenen Akteuren verschieden war, ebenso die Ideale. Gemeinsam war und ist uns allerdings, dass wir etwas Gutes tun wollen.

P. K.: In der Steinschleuder wirklich aktiv zu werden, bringt es mit sich, dass man recht viel Zeit und Kraft investiert. Ihr könnt ja jetzt zurückblicken und sagen, ob sich das für euch, ganz persönlich, gelohnt hat.

I. Weerts: Es waren unglaublich wichtige, tiefgehende Begegnungen. Die haben mich sehr geprägt. Auch wenn wir nur mal am Lagerfeuer saßen: Die Treffen waren immer etwas besonderes, auf das ich mich immer sehr gefreut habe. Es gab kein Treffen, von dem ich kam, das ich als sinnlos erlebt hätte. Es war immer eine berührende Bereicherung.

Es war auch ein besonderer Prozess, die Veränderungen der Gruppe zu erleben. Erst war es ein loser Zusammenhang, der dann immer mehr Form bekam. Organisation und Struktur vermittelten die Erfahrung, dass nicht alles locker und einfach vonstatten geht. Später kam ja auch die Vereinsform dazu, die einige abgeschreckt hat, so dass sie für sich feststellten, dass das nicht mehr ihre Sache war. Das zwischenmenschliche Arbeiten hat sich mit der Zunahme der Dimension der Projekte verändert. Dadurch wurde es manchmal auch schwieriger. Die damit verbundenen Prozesse haben wir alle in der Gruppe durchgemacht. Aus einer spontanen Gruppe wurde eine Art Organisation, die manchmal auch zwischen Mühlsteine geriet.

P. K.: Das birgt wichtige Lebenserfahrungen, gerade für Jugendliche, die das so ja noch nicht jederzeit und allerorten erleben.

J. Fürst: Durch die Erfahrungen, die ich gemacht habe, habe ich gelernt mein eigenes Leben sehr viel mehr zu schätzen. Das ist eine Erfahrung, die immer wieder neu da war, wenn wir aus den Projekten zurückgekommen sind. Es ist darin auch ein Erschrecken darüber, wie wenig man doch eigentlich von der Welt und vom Leben weiß.

I. Weerts: Das hat für mich mit Sicherheit dazu geführt, dass ich niemals auch nur einen Hauch in Agonie oder Perspektivlosigkeit verfallen würde. Ich würde niemals sagen „Das ist eben so, da kann man nichts machen." Ich sehe überall Möglichkeiten und traue mir selber zu, an den möglichen Veränderungen von etwas scheinbar Übermächtigem mitzuwirken. Das spielt sogar in meinem Beruf eine Rolle. In meiner Arbeit geht es oft darum, an den Filmsets etwas möglich zu machen, was eigentlich nicht geht. In meinem Denken habe ich dann dieses „Geht nicht, gibt es nicht", das mir damals in der Steinschleuder begegnet ist.

P. K.: Du sprichst von einer starken Fähigkeit, die in anspruchsvollen Prozessen gefordert ist. Das Vertrauen auf das Mögliche, auch in scheinbar ausweglosen Situationen ist im Leben immer hilfreich. Das gilt nicht nur für berufliche Herausforderungen, sondern ebenso für Erfahrungen des Zwischenmenschlichen, des Sozialen.

I. Weerts: Ich gehöre zu den Menschen, die sehr lange Möglichkeiten sehen, wo andere schon kapituliert haben. Das reicht natürlich bis ins Private, in Beziehungen und so. Ich bin jemand, der nicht so schnell den Optimismus verliert.

Das Wesen der Gruppe und seine Wirkung

P. K.: Jetzt möchte ich gern etwas versuchen. Ist es möglich, dass ihr euch die Steinschleuder mal als ein konkretes Wesen vorstellt? Ich meine jetzt also nicht den Namen, nicht den Verein und so, sondern ein Wesen, wie es jeder Mitmensch auch ist. Ich gebe zu, dass das erst mal komisch rüberkommt, aber ein „Schwarm" ist ja auch nicht nur ein Wort, sondern eben ein Wesen, das mehr ist als die Summe seiner Mitglieder. Wenn wir uns jetzt mal die Steinschleuder als so ein Wesen vorstellen, was, bzw. wen sehen wir denn dann?

D. Kannenberg: Sie ist ein sehr ruhiges Wesen, nicht im Sinne von phlegmatisch oder letargisch, sondern ruhig und beständig. Das verbinde ich, im ganz positiven Sinne, mit der Steinschleuder, auch weil ich schon manche Krise im Leben der Steinschleuder miterlebt habe. Ich weiß, dass die Steinschleuder immer irgendwie gegenwärtig ist und bleibt.

I. Weerts: Sie ist ein vermehrungsfreudiges Wesen voller Energie, die sie zielgerichtet freisetzen kann. Das hat etwas ansteckendes, begeisterndes und mitreißendes. Sie hat einen offenen, einladenden Charakter. Sie ist wie eine Pflanze, die überall hin in fruchbarem Boden Ableger bilden will. Und sie lieferte mir die schönsten Gelegenheiten dafür, positive Energie zu erleben.

M. Botthof: Zur Steinschleuder gehört, wenn ich das mal so sagen darf, ein warmer, goldener Glanz. Das hängt damit zusammen, dass die Probleme der Welt auch geistig angeschaut werden, dass nach inneren Zusammenhängen gesucht wird. Das ist für die Steinschleuder so wesentlich, dass ich mir sie anders gar nicht vorstellen kann.

J. Fürst: Die Steinschleuder ist neugieriges, entdeckendes und suchendes Wesen. Sie weiß was zu tun ist. Und dadurch gibt sie einem den eigenen Antrieb, lenkt den Blick auf diese Punkte, die es zu bearbeiten gilt. Sie bestärkt einen in den eigenen Erfahrungen und für den Weg, den man selbst gehen will.

S. Nahrwold: Ich finde, sie ist ein Wesen mit ganz viel positiver Energie, die von Urvertrauen umgeben ist. Sie sagt und zeigt immer: „Das wird schon!"

R. Breth: Da ist aber auch etwas kämpferisches, cholerisches dabei. Die Steinschleuder ist ein eher jugendliches Wesen, das voller Ideale ist, also nicht so sehr Mutter oder Vater.

P. K.: Was will dieses Wesen in der Welt?

I. Weerts: Es ist so etwas wie ein Guerilla Gardening. An unwirtlichen Plätzen entstehen Gärten. Diese Wesensart ist heutzutage nicht mehr exklusiv, denn es gibt mittlerweile viele verschiedene Gruppen und Initiativen, die ähnlich auftreten. Irgendwelche Leute kommen auf die Idee, Biobrause in einem Nonprofit-Unternehmen herzustellen, oder eine andere Gruppe organisiert ein lebendiges Nachbarschaftsnetzwerk. Es hat sich in den vergangenen Jahrzehnten allgemein eine erstaunliche Kreativität ausgebreitet. Dabei ist der unmittelbare Wirkensraum für die beteiligten Menschen „die Welt", auch wenn sie eine kleine Insel in der ganz großen Welt ist. Es geht dabei um eine besondere Qualität...

S. Nahrwold: ...die einem dann auch in ganz anderen Zusammenhängen zur Verfügung steht. Nach meiner aktiven Zeit in der Steinschleuder habe ich im Heimbereich mit schwerbehinderten Menschen gearbeitet. Autisten, die nicht sprechen z.B. Da war ein intuitives Handeln von mir gefordert, für das mir die Erfahrungen aus der Steinschleuder sehr zugute kamen. Ich versuchte die Menschen vor allem emotional zu verstehen, denn eine Kommunikation per Sprache war ja so nicht möglich.

In jeder Kommunikation findet viel über die emotionale Ebene statt. Die trägt auch die Wortebene. Mit den Autisten machte ich die Erfahrung, dass der Verlust der Wortebene gar kein großer Verlust ist, denn die emotionale Ebene ist viel stärker. Man kann spüren, wo die Not ist. Das habe ich bis heute in meine Lehr- und Coachingtätigkeit aufgenommen, dass wenn ich merke, dass eine Ebene der Kommunikation blockiert ist, dass man dann in eine andere, nonverbale wechseln kann. Es geht immer um einen adäquaten Zugang zu einer Situation und zu einem Menschen.

D. Kannenberg: Die Steinschleuder ist, soziologisch betrachtet, eine ganz normale Organisation. Sie hat aber einige Besonderheiten. Man muss nichts unterschreiben, um dabei sein zu können. Wenn man gut findet was geschieht, kann man einfach mitmachen.

Die Steinschleuder wirkt zuerst über ganz konkrete Menschen und Beziehungen, und dann in gewisser Weise indirekt auch auf „die" Gesellschaft. Die Welt ist ja riesig, die Steinschleuder demgegenüber sehr klein. In der klassischen Sozialwissenschaft ist das passende Vokabular dafür noch nicht weit genug entwickelt, um präzise beschreiben zu können, was geschieht, wenn eine sehr kleine Organisation auf den großen Zusammenhang wirkt.

P. K.: Und was ist das Alleinstellungsmerkmal der Steinschleuder, sofern es das heutzutage überhaupt noch gibt?

R. Breth: Sie will den sozialen und individuellen Wandel. Dafür führt sie die Beteiligten liebevoll in eine Entwicklung, die für die Welt förderlich ist.

I. Weerts: Tue das Richtige und hab Spaß dabei! Das Ganze in einen größeren Kontext eingeordnet, der sowohl geistige wie politische Dimensionen berücksichtigt. Nicht so wie die amerikanische Charity, wo die Reichen mal was aus ihrem Überfluss herunter reichen. Man soll auf die Strukturen schauen, also auf die Ursachen der Ungerechtigkeit und Not. Das gehört immer zusammen.

P. K.: Und wie sieht die Steinschleuder auf die konkreten, allgemeinen Weltereignisse? Es ereignet sich vieles, was dem Leben nicht unbedingt dienlich ist. Da könnte man ja durchaus die Meinung haben, dass es zu einer Lösung führt, wenn man notfalls mit Gewalt für irgendwelche Ideen oder Interessen eintritt.

D. Kannenberg: Die Steinschleuder sieht ganz sicher nicht Gewalt als Mittel einer Lösung. Sie fühlt und leidet mit der Welt und den Menschen. Das geschieht im zutiefst menschlichen und nächstenliebenden Sinne.

Wagnis und Wirkung

P. K.: Jeder von uns hat die Steinschleuder irgendwann einmal kennengelernt. Wenn ich jetzt den eben angesprochenen Gedanken weiter entwickle, dass die Steinschleuder ein konkretes Wesen ist, entsteht eine Beziehung, die alle Beteiligten, also auch jeden von uns, verändert. Gibt es diesbezüglich besondere Erfahrungen? Wie habt ihr euch in dieser Beziehung verändert?

R. Breth: Man wird zu den eigenen Ursprüngen zurück geführt. Dem liegt ein bestimmtes Stimmungselement zugrunde, das man am Lagerfeuer besonders gut erleben kann. Das ist aber nicht einfach romantisch, sondern auch politisch sehr wach. Das Geistige kommt im Alltag voll an. Die Ungerechtigkeiten in der Welt z.B., die man gemeinsam anschaut, die erscheinen verbunden mit möglichen Lösungen.

D. Kannenberg: Mir wurden Verwirrung und Wut genommen, weil ich gelernt habe, dass man auch ohne Gewalt oder Verkopftsein etwas bewirken kann. Ich weiß, dass es möglich ist, aus den eigenen Ideen zu handeln, also die Welt so zu verändern, wie man es aus sich heraus will. Vorher kannte ich die Erfahrung, dass man heiße Diskussionen führen oder sich den Kopf kaputt denken kann. Schon beim Baucamp in Irland habe ich erlebt, dass eine Gemeinschaft in einer fröhlichen Stimmung etwas sinnvolles tut. Für mich war das damals eine wichtige Erfahrung und ein großer Umschwung.

P. K.: Und Du hast eben von einem Gleichklang gesprochen. Woran machst Du eine solche Erfahrung fest?

D. Kannenberg: Sie ist nicht destruktiv, sondern, im Gegenteil, sehr konstruktiv. Wenn die Steinschleuder etwas anfängt, entsteht etwas neues. Dafür muss nichts altes, ob Gebäude oder Verhältnisse, abgerissen werden. Der Anfang des Neuen geschieht ohne Zerstörung. Und da kommen die Ideen und die Welterfahrungen ganz konkret auf einer Baustelle an.

Dieses Erlebnis ist sehr wichtig: Man kann etwas schaffen und bewegen. Es ist viel mehr möglich als man glaubt. Als ich 2001 aus dem Senegal zurück gekommen bin, ich war damals gerade mal 16 Jahre alt, konnte ich nicht damit aufhören den Menschen in meinem Umkreis zu erzählen, wie großartig dieses Gefühl ist, dass man ein Fundament von mehreren hundert Kubikmetern mit den eigenen Händen geschaffen hat. Und das auch noch an einer notwendigen Stelle, denn auf genau diesem Fundament haben wir in den Folgejahren eine Schule gebaut.

P. K.: Das ist eine nächste Schicht. Nun geht es um ein konkretes Projekt. Was ein, ich sage mal „inneres" Erlebnis ist kommt im Staub einer Baustelle zum tragen.

D. Kannenberg: Beim Senegal-Projekt, später auch in Tansania, habe ich eine fröhliche Aufbruchsstimmung in der Gruppe erlebt. Da kam etwas hinzu, was mich sehr berührt hat: Man hat ja sehr damit zu tun, was man an Leid und Armut zu sehen bekommt. Nicht nur punktuell als Ausnahme, sondern überall. Auf dem Weg zur Baustelle haben wir das immer wieder gesehen. Für mich ist es schlimm, dass dieses Elend normal ist. Hunger, Krankheiten, Tod – überall ist das um uns herum, und wir lachen und singen... Das passte mit meiner Sicht und meinem Erleben überhaupt nicht zusammen.

M. Botthof: In der Ukraine war das auch so. Es war krass, zu sehen, wie dort gelebt wird. Nichts funktioniert wirklich, immer und überall muss man improvisieren.

S. Nahrwold: Ich habe unsere Situationen in den Baucamps trotz allem nicht als Entbehrung wahrgenommen. Viel stärker habe ich erlebt, was jeweils entstand. Statt Entbehrung würde ich lieber von Reduzierung auf das Wesentliche sprechen. Der Überfluss war weg, aber wirklich entbehrt haben wir nichts. Wir haben uns viel leichter miteinander beschäftigen können. Die Begegnungen gewannen an Tiefe und Vertrauen.

P. K.: Ja, aber die häusliche Komfortzone musste verlassen werden, wenn es in ein Baucamp ging. Das nehmen Menschen in der Steinschleuder ganz bewusst auf sich.

S. Nahrwold: In jeder Sportart muss man seine Komfortzone verlassen, um effektiv trainieren zu können. Man muss das als Mensch immer tun, wenn man eine Veränderung erreichen will. Ein bloß unterschwelliger Reiz schafft keine Veränderung. In der Steinschleuder hat mich das sehr angesprochen, zu erleben, dass etwas passiert, wenn ich meine gewohnte Welt mal verlasse. Nicht nur die Baustellen, auch die Morgen- und Abendkreise, das Reden miteinander wurden für mich zu spirituellen Erfahrungen. Es wurden starke Energien frei. In der Ukraine haben wir rund um die Uhr gearbeitet, das ist allein schon physisch eine große Leistung.

M. Botthof: Mir fiel schnell auf, dass manches technisch nicht gut lief, aber dass das Menschliche sehr herzlich und gut war. Darin war eine Aufbruchstimmung zu spüren. Der Zusammenbruch der Sowjetunion war erst wenige Jahre vorher geschehen. In der Armut und Entbehrung war ein Wille zum Neubeginn zu spüren. So konnten wir vieles bewegen.

R. Breth: Dennoch geht es nicht darum, den Menschen etwas zu „geben", sondern darum, mit ihnen zu teilen. Da findet eine gemeinsame Entwicklung statt, in die alle Beteiligten einbezogen sind. Alle teilen miteinander, darauf kommt es an. In diesen Begegnungen habe ich etwas über die Welt erfahren.

S. Nahrwold: Es ist ja nicht so, dass die Menschen immer nur geweint haben, bevor wir kamen, sie hatten ja auch

Spaß. Es gibt überhaupt nur sehr wenige Situationen, in denen jemand nur noch leidet und fertig ist. Einzelne Menschen kann es ereilen, in schweren Krankheitssituationen und so, aber dass eine größere Gruppe von Menschen überhaupt keine Freude mehr spürt, ist wahrscheinlich sehr, sehr selten. Und das haben wir gemerkt, wir haben die immer noch vorhandene, positive Energie und tatsächlich auch sogar Fröhlichkeit gespürt.

P. K.: Die kommt nicht von irgendwo her. Sie ist auch sehr wahrscheinlich kein Ausdruck von Ignoranz oder Fatalismus, obwohl sie vordergründig der jeweils aktuellen Situation und Umgebung widerspricht.

Sich am Leben freuen?!

M. Botthof: Ich finde das gar nicht so widersprüchlich. Wenn man mit sich selbst an eine Grenze gelangt, ist man näher an der Gefühlsebene; dann kann man sich daran freuen, was jeder Tag einem bringt. Man erlebt intensiver, was Menschlichkeit ausmacht. Je besser ein Mensch situiert ist, desto schwieriger ist es für ihn durch die Kruste zu dringen und Menschlichkeit intensiv zu erleben. Es ist eine besondere Erlebnisebene, auf die man kommt, wenn äußerlich vieles nicht mehr sicher und sorgenfrei ist.

P. K.: Muss sich erst ein Zusammenbruch ereignen, bevor ein Mensch die wirklichen Qualitäten im Leben entdeckt?

M. Botthof: Man muss nicht erst durchs Elend, um glücklich zu sein. Es gibt ja viele Menschen, die ihr Leben auf gerader Linie leben. Aber Entbehrung zu erleiden ist auf jeden Fall ein Weg, um etwas besonders wertschätzen zu können. Das lehrt das Leben. Den Kontrast zwischen den äußeren Bedingungen und den inneren Erlebnissen kenne ich auch aus meiner eigenen Biografie ganz gut.

Man kann an gewissen Erfahrungen natürlich auch verzweifeln, je nach dem, ob man eine Krise als Katastrophe oder Chance sehen will. Und das verändert den Umgang der Menschen miteinander. In Südamerika habe ich es oft erlebt, dass Menschen sich gerade in sehr bescheidenen, einfachen Verhältnissen viel warmherziger begegnen. Ich wurde bei irgendwelchen Begegnungen immer direkt in die jeweiligen Gemeinschaften einbezogen. Die Wertschätzung ist anders, tiefer.

D. Kannenberg: Ich kann jetzt, im Rückblick, sagen, dass diese Art der Fröhlichkeit auf jeden Fall etwas gutes ist. Damals geriet ich nach der Rückkehr nach Deutschland erst mal in recht traurige Stimmungen. Die Eindrücke wirkten nach und mussten langsam verarbeitet werden.

P. K.: Diese Verarbeitung ist ein wandelnder Prozess, in dem du selbst ein anderer geworden bist? Mir scheint, dass es gerade auf solche Prozesse ankommt, wenn man über die Bedeutung der Steinschleuder nachdenkt. Seht ihr das auch so? Sebastian, Du hast beschrieben, wie du als Jugendlicher die Welt als ungerecht erlebt hast, und wie du dir gewünscht hast, das verändern zu können.

S. Nahrwold: Es gibt unglaublich komplizierte Dinge und Verhältnisse. Unsere Erfahrung in der Steinschleuder war immer schon, dass man trotzdem etwas verändern kann, wenn man es ganz konkret angeht. Jedes noch so große Problem kann man so vereinfachen, dass man etwas tun kann.

J. Fürst: Die Spirale von immer weniger Bildung, also in Bezug zur Entwicklungszusammenarbeit und zur Welt, wird durchbrochen.

P. K.: Als Jugendliche habt ihr die Steinschleuder kennen gelernt und dadurch eine Möglichkeit entdeckt, dem Wunsch nach Veränderung Taten folgen lassen zu können. Ihr wart bei den Baucamps schließlich mitten drin in den Folgen unserer Lebensart, wart mächtig beeindruckt und sogar traurig. Zu was hat das alles aus heutiger Sicht geführt?

R. Breth: Da ist eine Not, von der ich erfahren habe. Daran konnte ich nicht vorbei sehen, das hat mich sofort persönlich betroffen. Einerseits fühlte ich mich als Jugendliche der Welt gegenüber erst mal hilflos, dennoch war es mir wichtig, etwas tun zu können, und dadurch in der Welt einen Platz zu finden. Egal, was mich selber vielleicht belastet, ich habe immer noch die Kraft, etwas dazu beizutragen, damit sich in der Welt was verändert.

Grenzerfahrungen

M. Botthof: In der deutschen Kultur habe ich mich immer eher fremd gefühlt. Schon als Jugendlicher waren mir die vielen Regeln zuwider, nach denen unser Leben organisiert ist. Alles Verhärtende und Konservative stößt mich schon immer ab.

P. K.: Friede den Hütten, Krieg den Palästen?

M. Botthof: Das würde ich so nicht sagen. Auch das Spießbürgerliche hat eine Bedeutung, aber es darf kein Übergewicht bekommen. Heute erlebe ich eher ein Gleichgewicht zwischen dem bürgerlichen und dem alternativen Leben. In den Baucamps wurden wir immer sehr offen, freundlich und herzlich empfangen. Wir sind uns immer als Menschen begegnet. Herkunft, gesellschaftlicher Status und so waren egal.

D. Kannenberg: Ich habe mich irgendwann in das Wesen der Steinschleuder regelrecht verliebt. Das ist mit einem gewissen Überschwang verbunden, bis man bemerkt, dass nicht alles rosa ist. Bei einem Baucamp konnte ich zwar erleben, was alles möglich ist, aber wie weit reicht das? Wie vielen Menschen kann so geholfen werden und wie vielen eben nicht? Heute denke ich in anderen Maßstäben. Die Welt ist riesig und sehr komplex. Deshalb halte ich mich an das, was ich ganz persönlich sehen, begreifen und bearbeiten kann.

S. Nahrwold: Wo sieht man hin, wenn man sich mit der Welt beschäftigt? Glotzt man so lange auf das Elend, bis man ganz verzweifelt ist, oder sucht man das Positive. Mit der Angst kann man sehr viel Geld machen, weshalb viele daran interessiert sind die Angst immer mehr zu kultivieren. Aber man kann auch ganz viel finden, was nicht ängstigt.

M. Botthof: Nach der Ukraine war ich erst in Brasilien, danach in Argentinien dabei. Ich war begeistert und beschloss zusammen mit zwei anderen aus der Gruppe genau da meinen Zivildienst zu machen. So kam ich nach dem Baucamp wieder und blieb für 15 Monate. Das war eine Schwellenerfahrung in meinem Leben. In Deutschland war ich an einen Punkt gekommen, wo es mit mir nicht gut weiter gegangen wäre. Und dann kam durch meine Arbeit in Argentinien ein ganz neuer Einschlag, ein ganz neues Leben.

S. Nahrwold: Ich habe durch die Steinschleuder eine unglaubliche Gelassenheit entwickeln können, Dinge kommen zu lassen, ohne dass ich mich willenlos hingebe. Ich sperre mich dann aber auch nicht für das, was sich entwickeln will. Es gibt Situationen, die man erst mal nicht ändern kann. Ich erinnere mich noch sehr deutlich, dass wir mal auf einer Insel im brasilianischen Urwald eine Wasserleitung von einer Quelle in ein Dorf zu verlegen hatten. Das wollte uns die Bezirksregierung im letzten Augenblick, wir waren alle schon auf der Insel ange-

kommen, untersagen. Was also tun, wenn man nieman-
den fragen kann? Ich hatte die volle Verantwortung für
das Projekt und alle daran Teilnehmenden zu tragen. Wie
sollte ich entscheiden? Erstmal galt es, der aktuellen
Situation gemäße Ideen zu entwickeln. Also nicht die
Energie darauf zu lenken, etwas zu bekämpfen, sondern
einen trotzdem gangbaren Weg zu finden, allen Wider-
ständen zum Trotz. Dazu gehört, dass man geistesgegenwärtig im richtigen Moment die Lösungen erkennt
und zufasst.

In der Steinschleuder ist es ein wichtiges Anliegen, dass
man in seinem Leben handeln und aktiv sein muss, und
das geistesgegenwärtig, ohne von den eigenen, inneren
Impulsen abzuweichen. Da geht es nicht um Kontrolle
oder stets geplantes Verhalten, sondern um das Erkennen
und Ergreifen von Möglichkeiten im richtigen Augenblick.

Ohnmacht erfahren und helfen wollen

P. K.: David, Du bist schon 15 Jahre lang in der Steinschleuder aktiv. Du hast viele Menschen als Mitaktive kennen gelernt, aber auch sehr viele notleidende Menschen in verschiedenen Ländern der Erde. Warum ist es dir so wichtig, dass auch andere Jugendliche diese Erfahrungen machen?

D. Kannenberg: Jegliche Facette in solchen Erfahrungen ist wichtig. Es ist eine Art Ohnmachtszyklus, an dem man sich entwickelt. Man hat das Gefühl, dass etwas in der Welt und im Leben nicht stimmt. Dann kommt man zur Steinschleuder und das Gefühl wird sogar erst mal noch verstärkt. Aber es bleibt nicht so stehen, denn man erlebt auch, dass man viel, viel mehr bewegen und erreichen kann als man zuerst gedacht hat. Die eigenen Grenzen werden erweitert, in dem man sich an den immer wiederkehrenden Ohnmachtserfahrungen entwickelt. Das ist eine sehr wichtige Erfahrung.

P. K.: Du bist also durch Ohnmachtserfahrungen gegangen, die du dir selbst gesucht hast. Aber bei der Ohnmacht ist es ja eben nicht geblieben. Es hat sich etwas verändert. Etwas neues hat sich entwickelt, das als innerer Wert beständig ist. Was ist das?

D. Kannenberg: Man erlebt in der Steinschleuder seine Grenzen. Grenzen dessen, was man ertragen und tun kann. Aber danach weiß man eben sehr viel besser, was man tun kann. Erstmal stellt man fest, dass man viel mehr erreichen kann, als man für möglich hielt. Man sieht auf ein vollendetes Projekt. Da werden die Grenzen erweitert. Danach arrangiert man sich mit dem Raum, der einem so gegeben ist. Das führt zur Erfahrung der Souveränität. Man muss sich nicht mehr an allem Elend aufreiben, eben weil man seinen Handlungsraum erkannt hat und weiß, dass man darin etwas bewirken kann. Der rote Faden in den Erfahrungen aller Steinschleuderer ist, dass man etwas schaffen kann, von dem man vorher geglaubt hat, das es nicht geht. Wer hat schon mit 15 oder 16 schon mal ein Haus gebaut? Und das nicht etwa in Gelsenkirchen, sondern in Tansania oder auf den Philippinen?

P. K.: Die Grenzerfahrungen, auch das Erlebnis, Grenzen

erweitern zu können, sind das eine. Aber dabei darf man ja nicht vergessen, dass Grenzen auch schmerzhaft erlebt werden. Das wiederum fordert biografisch dazu heraus, in einem vermeintlichen Ende den tatsächlichen neuen Anfang sehen zu lernen.

R. Breth: Das Leben besteht auch aus vielen Enttäuschungen. Und die Frage ist für mich, wie ich es schaffe, daraus immer wieder aufzustehen. Die Erfahrung der Ohnmacht ist das, in der man aber dann auch ein kleines Licht, einen Funken sehen kann, etwas das weiterleitet. Der Finsternis folgt der Impuls, auf die eigenen Füße zurück zu kommen und zu handeln. Dieses Handeln geht in einen unbekannten, neuen Raum hinein, in den man vertrauen muss.

S. Nahrwold: Jeder kennt in seiner Biografie Ohnmachtserlebnisse, in denen man sich hilflos fühlt. Das erfahren auch schon Jugendliche, wenn sie die Welt erleben wie sie im allgemeinen ist. Man steht vor Dingen, von denen man annimmt, dass man sie nicht ändern kann, die man aber gern anders hätte. Das gilt für Kriege und Hungersnöte, aber auch für Dinge in der eigenen Biografie. Und da stellte sich durch die Steinschleuder das unglaublich positive Gefühl ein, dass man sehr wohl etwas verändern kann.

R. Breth: In den Baucamps, an denen ich teilgenommen habe gab es auch Ohnmachtserlebnisse. Die wurden aber erträglich, durch die Momente, in denen wir im Morgen- und Abendkreis diese besondere Stimmung pflegen konnten, von der ich vorhin gesprochen habe. Die äußeren Erfahrungen wurden mit inneren Erfahrungen zusammen gebracht.

J. Fürst: Da spielt auch die Bildungsarbeit bei der Inlandsarbeit eine Rolle. Wir versuchen durch Vorträge an Schulen z.B. junge Menschen für das Thema wach zu machen. Da geht es darum, dass man neugierig darauf wird, zu wissen, was in unserer Welt so alles passiert. Man lernt, sich durch Medien nicht manipulieren zu lassen.

M. Botthof: Ja genau, die Steinschleuder will Menschen wach rütteln. Sie ist einem biologisch-dynamisch geführten Bauernhof nicht unähnlich. Von so einem Ort gehen Wirkungen in die ganze Umgebung aus. Der innere Ort, an dem sich die Steinschleuder befindet, ist ja nicht per Zufall aufgesucht worden. Es geht darum, das kulturell Wertvolle, das Geistige ganz konkret wirksam werden zu lassen. Wenn man ganz konkret mit dem entsprechenden Hintergrund für das Gute in der Welt arbeitet, dann ist man an dem Ort, will ich mal sagen, an dem man der Steinschleuder begegnet.

Wenn ich mir heute die Kinder und Jugendlichen ansehe, dann erlebe ich auch diese große, frische, unverbrauchte Kraft. Wenn man das erlebt, bekommt man eine Ahnung davon, wohin es gehen könnte, wenn wir es wieder schaffen würden, wirklich Mensch zu sein. Die Steinschleuder erinnert die Beteiligten so gesehen an das Menschsein, wozu gehört, dass man im Sinne der Dreigliederung Geschwisterlichkeit im Wirtschaftsleben, Gleichheit im Rechtsleben und Freiheit im Geistesleben praktiziert. Das ist es was ich meine, wenn ich sage, dass man den Problemen in größeren Zusammenhängen auf den Grund gehen muss.

P. K.: Der Ohnmacht folgt so gesehen das Erlebnis einer Kraft, die vorher nicht gekannt war. Sie wird erst und dann zugänglich, wenn eine Leidenserfahrung bewusst angenommen und verarbeitet wurde. Wie kommt das im alltäglichen Leben an? Als was bleibt es für das Leben erhalten?

D. Kannenberg: Wenn man eine Idee hat, wenn man merkt, dass einem die wichtig ist, dann würde ich heute aufgrund meiner Erfahrungen in der Steinschleuder sagen, dass man nicht so viel nachdenken soll, sondern besser damit beginnt, sie umzusetzen. Das heißt nicht, dass man blauäugig oder überstürzt handeln soll, das ist in der Steinschleuder ja überhaupt nicht gemeint.

Hinzu kommt, dass ich weiß, dass es noch anderes als das Äußere gibt, was wichtig ist. Das ist dieser Gleichklang als spirituelle Erfahrung. Es entfalten sich für jeden Einzelnen ganz besondere Kräfte, wenn viele in die gleiche Richtung gehen. Dann tun sich Welten auf, die einem Sicherheit geben. Als ich zur Steinschleuder kam, befand ich mich in einer Phase, in der auch vieles andere möglich war. Aber ich habe die Steinschleuder für mich entdeckt und gefühlt „Hier kannst du bleiben".

S. Nahrwold: Das Ganze ist mehr als die Summe seiner Teile. Innerhalb der Gruppe hat ein Mensch wesentlich mehr Kraft als allein, zumindest wenn die Voraussetzungen für einen guten Gruppenprozess gegeben sind. Das ist etwas sehr spirituelles, finde ich, denn es reicht über die einzelnen Menschen hinaus, es ist mehr.

R. Breth: Das hat mich in letzter Zeit wieder sehr beschäftigt, warum es mir nicht reicht, einfach am Leben teilzuhaben. Es muss sich doch etwas verändern, auf das man nicht einfach nur warten kann. Es ist ja ein gutes Bild, dass man am Tag vor dem Weltuntergang noch einen Baum pflanzen kann. Diese Energie speist mich, weil sie einen Menschen nicht aufgeben lässt.

J. Fürst: Viele jungen Leute wissen gar nicht, dass es so etwas wie die Steinschleuder gibt. Es gibt ein Potenzial, dass allerdings nicht leicht zu erschließen ist. Leider resignieren viele jungen Leute. Ich kann aber auch verstehen, dass so viele Menschen in virtuelle Welten flüchten. Die täglichen Nachrichten sind ja alles andere als gut. Umso wichtiger ist es, dass es Diskussionsforen, Gelegenheiten zum Austausch und zum Lernen, gibt, wie wir das in der Steinschleuder möglich machen.

D. Kannenberg: Fast alle Steinschleuderer denken, dass etwas an den bestehenden Verhältnissen nicht stimmt. Das ist der minimale Nenner. Wenn man auf unsere Gesellschaft sieht, hat natürlich nicht jeder dieses Erlebnis. Es sind nur wenige, die unzufrieden sind, die meisten arrangieren sich schon sehr früh mit dem System und genießen dessen vermeintliche Vorteile.

M. Botthof: Aufgrund meiner Erfahrungen in der Steinschleuder bin ich bis heute davon überzeugt, dass man vieles ohne zu viel Hierarchie anpacken kann. Jeder Mensch kann von sich aus sehen, wie er ein Problem möglichst schnell löst. Mich in die Aufgaben ganz und gar hinein begeben zu können, in eigener Verantwortung, dass habe ich durch die Steinschleuder gelernt. Man sieht doch überall, was kleine Gruppen bewirken können. Die Steinschleuder ist eine Guerilla des guten Willens.

D. Kannenberg: Und genau das erleben junge Menschen in der Steinschleuder noch bevor sie es verstanden haben.

Berichte

Ich nehme am Kurs teil, weil...

(me) Ich nehme am Kurs teil, weil ich mich schnell für neue Ideen und Projekte begeistere und mir in dem Moment, indem ich vom InterAKTION-Kurs hörte, klar war, dass ich dabei sein wollte.

Große Vorstellungen und Erwartungen hatte ich dabei nicht. Das, was wir inzwischen geschaffen haben, was zwischen uns entstanden ist, sich mit jedem Mal weiterentwickelt, hätte ich mir sowieso nicht erträumen können. So war „Entwicklungszusammenarbeit" für mich vielleicht nur das Projekt, welches wir für den Sommer in Ecuador planen. Das die „Entwicklungszusammenarbeit" aber schon hier beginnt, wir uns jeden Monat neue Inspirationen und Denkanstöße geben, und uns auch durch die neuen Bekanntschaften, sei es mit Menschen, die sich dazu entschließen uns zu unterstützen, oder mit ehemaligen Steinschleudernden, weiterentwickeln, wird mir erst jetzt bewusst.

Doch darum bin ich hier, um mein Bewusstsein zu erweitern, viel Neues dazu zu lernen und mich so selbst weiterzuentwickeln. Ich möchte die Welt verstehen, in der ich lebe, um so bewusste Entscheidungen für meine Mitwelt treffen zu können. Ich möchte aber auch mich selbst besser kennenlernen und wie könnte ich das besser, als in Interaktion mit Menschen aus unterschiedlichen Kulturen? So sagt auch Martin Buber: „Der Mensch wird am Du zum Ich."

(nl) Ich nehme am Kurs teil, weil ich die Welt entdeckten möchte, in der ich lebe. Dafür möchte ich mit Menschen aus aller Welt in Beziehung treten und so von ihnen lernen. Vom Kurs erhoffe ich mir ein intensives Training, das mich darin schult, kompetenter den Problemen unserer Zeit gegenüber zu treten.

Mit dem InterAKTION-Jugendkurs möchte ich meine Fähigkeit schulen, neue transformierende Ideen für ein nachhaltiges Miteinander entstehen zulassen und umzusetzen. Schon seit längerer Zeit versuche ich ein mehr und mehr naturverbundenes und nachhaltiges Leben zu führen, dies möchte ich in Zukunft an mein Umfeld weitergeben können. Ebenso soll der Kurs eine Möglichkeit sein, mich mit Gleichaltrigen zu verbinden und auszutauschen. Dabei werden wir gemeinsam darin wachsen, unser Potenzial für einen positiven Wandel in unserer Welt einsetzen zu können, wie auch immer das konkret aussehen mag. Auch möchte ich erwähnen, dass ich am Kurs teilnehmen kann, weil es mir durch PatenInnen ermöglicht wird, die mich finanziell unterstützen. Auch auf diese Weise wird ein Netzwerk geschaffen, das mehr vom Guten möglich werden lässt.

(vg) Veronica Grosso: Auf dieser Welt langfristig etwas gutes und sinnvolles zu bewirken, ist schon seit langem ein großer Wunsch von mir. Alleine etwas zu schaffen scheint mir aber sehr schwer. Man kann immer von anderen Menschen lernen und gemeinsam verschiedene Ideen entwickeln und verwirklichen.

Sicher ist es nicht immer einfach im Team zu arbeiten, doch genau die unterschiedlichen Kulturen, Sprachen und Traditionen machen unsere Welt so schön. Durch Toleranz und Geduld kann man diesen Reichtum erhalten, schützen und vermehren. Genau aus diesem Grund habe ich mich dazu entschlossen, am InterAKTION-Kurs teilzunehmen. Nachdem ich mich über die Steinschleuder-Gruppe informiert habe, habe ich gemerkt, dass dies ein guter Weg sein wird, um als Person viel zu lernen, zu wachsen und meine Ideen und Fähigkeiten sinnvoll einbringen zu können.

Erste Impressionen:
Das erste Kurswochenende

(me) Eigentlich ist es unglaublich. Ein Wunder, dass wir uns zusammen gefunden haben und drei inspirierende Tage miteinander verbringen durften. Jetzt sitze ich im Zug, zurück nach Freiburg, genauso, wie ich vor drei Tagen auch hier gesessen bin, aus dem Fenster schaute und mich fragte, wer mich in der Hafenstraße 31 erwarten würde. Mit wem würde ich mich bis zum nächsten Sommer einmal monatlich in Castrop-Rauxel treffen, einem Ort, von dem ich bis vor ein paar Wochen noch nie gehört hatte?

Ich hätte damals nicht erwartet, mich schon nach wenigen Stunden so verbunden mit den mir vorher noch fremden Menschen zu fühlen und das Gefühl zu haben genau am richtigen Ort zu sein. Angekommen im verregneten und grauen Castrop-Rauxel, stieß ich auf Stella und Naline, deren Zug aus Berlin verspätet war und die sich ebenfalls verlaufen hatten. So stapften wir durch die Dunkelheit, erleuchtet durch die vielen weihnachtlichen Lichterketten und suchten gemeinsam den Weg zum Pfadfinderheim. Dort wurden wir mit Tee und Musik empfangen. Erste Gespräche ergaben sich, der erste Abendkreis fand statt, in dem wir uns fragten, was wir mit unserem Dasein bewirken wollen.

Ist es nicht wunderbar, dass fremde Menschen sich so zufällig finden und sich plötzlich gemeinsam die Frage stellen, was sie bewirken, erleben und verändern können? Dass sie sich so finden, um voneinander und miteinander zu lernen und „Apfelblütenmomente" zu teilen. Das heißt lebendig zu sein, im Augenblick zu leben!

Samstag und Sonntag gab Peter uns eine erste Einführung in die Natur der Wirtschaft und des Geldes. Wir machten uns klar, dass es auch in der Natur Wirtschaft gibt, denn Wirtschaft ist alles, was der planmäßigen Befriedigung von Bedürfnissen dient. Täglich denken und handeln wir mit Geld, und trotzdem spürten wir, wie schwer es ist, zu sagen, was Geld überhaupt ist. Geld basiert auf Vertrauen und muss von mindestens drei Parteien als Währung ak-

zeptiert werden. Wir unterscheiden zwischen Standard-
währung, wie dem Euro, und Komplementärwährung....
Am Nachmittag kam Sebastian dazu, ein Ur-Stein-
schleuderer, der uns praktisch wie theoretisch in den
Selbstschutz einführte, und zudem am Abend mit seinen
alten Steinschleudergeschichten für Stimmung sorgte. Ich
bin glücklich, nun auch zur Steinschleuder-Gemeinschaft
zu gehören!

Selbstsicherheit und -schutz

(sd) Selbstschutz-Training! Ich glaube wir wussten alle nicht so ganz was uns erwartet. Selbstverteidigung. Das ist bekannt, ein paar Techniken, wie man jemanden los wird, wie man sich aus einem Griff befreit, und was so die Tricks sind, die man drauf haben sollte wenn man des Nachts alleine unterwegs ist. Aber Selbstschutz?

Sebastian Nahrwold, unser Selbstschutz-Trainer an diesem Wochenende, ist einer der Gründer der Steinschleuder. Mit Aggressionen hat er sich lange beschäftigt, mit psychisch stark gestörten Menschen. Aber ich glaube, dass wir im Thema Aggression vielleicht alle etwas gestört sind. Ich zumindest bin es.

Wir redeten nicht lange sondern begannen gleich draußen mit ein paar praktischen Übungen. Es war eigentlich schon dunkel, und irgendwann hat es auch angefangen kurz zu regnen. Aber irgendwie hat uns das alles nicht so wirklich beeindruckt. Sehr viel beeindruckender waren wir. Alle zusammen und jeder für sich. Voll bei seinem Selbst. Auch wenn wir mit Partnern zusammen gearbeitet haben, ging es doch um das Ich. Um die Grenzen dieses Ichs. Nachdem die anfängliche Ungemütlichkeit, auf den ande-ren einzuschlagen (der das zwar vollkommen okay fand, aber doch irgendwo Partner und schon Freund geworden war), überwunden war, spürte man die Grenze. Die Gren-ze bei sich selbst. Ich persönlich kannte sie nicht, und war sehr beeindruckt und irgendwo sehr schockiert darüber. Viel zu wenig lerne ich zumindest in meinem Alltag mit der Lebensenergie der Aggression umzugehen (Mit mei-ner eigenen Aggression!) und kann diese somit natürlich auch nicht auf Abruf hervor zaubern, geschweige denn so richtig steuern. Aber genau das ist Sebastians Ziel!. Diese Aggression bewusst zu machen. Sie zu kennen, und somit eine Energie von sich selbst zu kennen, diese steuern und lenken zu können.

Ich glaube für uns alle gingen die eineinhalb Stunden in der kalten, nassen Dunkelheit wie im Flug vorbei. Das Gespräch im Nachhinein, gemütlich in unserer warmen Sofaecke, doch alle völlig erschöpft, körperlich wie psychisch nach diesem Training, war sehr verbindend und interessant. Die lustige Erzählart von Sebastian hat uns dann noch für einige Stunden sehr gut unterhalten. All die spannenden Anekdoten ließen uns die Aggression so wieder ins hintere Hirn bugsieren und erst am nächsten Morgen, bei der zweiten Phase des Selbstschutz-Trainings, welches ähnlich wie das erste aufgebaut war, kam es diesmal reflektierter und vorbereiteter zum Ausdruck. Es war ein sehr schönes Erlebnis, aus dem wir alle etwas für uns und unseren Weg mitgenommen haben.

Pittura Casa

(vg) Beim Kurswochenende Anfang Februar ging es vor allem um die praktische Arbeit. Als Gruppe haben wir die Wohnung eines Mannes renoviert, der sich das aufgrund seiner Altersarmut sonst nicht leisten kann. Uns allen war also klar was für diesen Tag geplant war: eine Wohnung streichen! Aber wir wussten nicht was auf uns zu kommen würde.

Als wir ankamen haben wir uns erst mal für eine Weile mit Herrn K. unterhalten, um eine persönlichere Atmosphäre zu schaffen. Bevor es dann mit dem Streichen los gehen sollte hat uns Marcel, einer der Gründer der Steinschleuder, ein paar Techniken gezeigt wie das am besten geht.

Es war ein schönes Gefühl zu sehen wie gut alles geklappt hat, ab und zu gab es auch Pannen, aber gemeinsam fanden wir dann doch immer eine gute Lösung. Wir alle waren sehr gespannt, wie unser erster praktischer Einsatz als Gruppe ablaufen würde. Zwar hatte jeder von uns schon mal eine Wand angestrichen, doch jetzt mussten wir uns aufeinander einstimmen. Die Arbeit erfolgte im Team.

Es hat Spaß gemacht, wir haben über alles Mögliche geredet und gesungen doch das beste war immer der Gedanke daran, wie glücklich Herr K. sein würde, wenn er am Nachmittag in seiner frisch gestrichenen Wohnung das Fußballspiel von seinem Lieblingsverein anschauen kann...

Insgesamt waren es nur ein paar Stunden, doch jede Menge Erfahrungen! Als wir am Abend gemütlich an unserer Feuerstelle hinter dem Pfadfinderheim saßen und über unseren Tag reflektierten, haben wir gesehen, dass es für jeden einzelnen von uns nicht einfach bloß „Arbeit" war, denn jeder fühlte sich persönlich bereichert.

Wir alle waren sehr glücklich weil wir an diesem Tag etwas bewirkt haben. Wir haben unsere Spuren bei Herrn K. hinterlassen, die gestrichene Wohnung und ein Tag, der ganz anders verlief als all die anderen Wochentage. Es war ein gegenseitiges Geben und Nehmen.

Kurswochenende am Tag des Erdbebens

(pk) Am vergangenen Freitag haben wir uns wieder zu einem unserer Kurswochenenden getroffen. Die Vorbereitungen der Reise nach Ecuador gingen weiter. Am Sams-tag begannen wir nach dem Morgenkreis damit, dass wir uns mit der Geologie Ecuadors im Verhältnis zur Geologie der Erde beschäftigt haben.

Die Südamerikanische Platte und das dem Kraton vorgelagerte Orogen. Die Position im Gesamtbild der erdumspannenden Kompressionslinien. Schließlich besprachen wir die damit verbundenen Besonderheiten, die Erdbeben und den Vulkanismus... Niemand ahnte, dass sich nur wenige Stunden später, um 23.58 Uhr UTC, das stärkste Erdbeben seit dem Tumaco-Erdbeben von 1979 ereignen würde.

Das Epizentrum des Bebens war in Muisne, etwa 60 Kilometer vom Standort unseres Projekts, der Sonnenschule, entfernt. Am Sonntag Morgen, uns hatten die ersten Informationen über das Ereignis erreicht, sahen wir uns plötzlich unmittelbar mit den Folgen eines aktuellen, dramatischen Ereignisses konfrontiert. Wie geht es unseren neuen Freunden in Ecuador? Was können wir mit unseren Möglichkeiten nun tun?

Teilen ist schön

(sd) Gerade wieder in Berlin eingetrudelt bekam ich als erstes einen Anruf von Frank aus Ecuador. Wir schaffen es immer irgendwie uns perfekt abzupassen. Jetzt zum Beispiel komme ich gerade zur Tür herein als er anruft. Das Gleiche ereignet sich umgekehrt oftmals auch für ihn in Sua, wo Internet ist und ich ihn erreichen kann. Er wollte ein paar Gedanken mit mir teilen, die unserer Projektplanung entsprungen sind, die wir ihm vor kurzem zugeschickt hatten.

Frank meint, dass die von uns angefragten 2000 Euro als eigener Beitrag des Fördervereins der Sonnenschule schwierig aufzubringen sein könnten. Ein neues Schuljahr beginnt für die Schüler und Schülerinnen der Sonnenschule und die Vereinsgelder sind schon für Schulsachen und Arbeitskräfte verplant.

Ich beruhigte ihn damit, dass das mit dem Geld kein Grund für so viele Gedanken und psychischen Stress sein sollte. Geld ist etwas sehr materielles. Wir sind momentan sieben kreative Köpfe, die beim Baucamp in Ecuador dabei sein werden, und zusammen haben wir 14 Hände, die von Kräften vor Ort unterstützt werden – und wir werden unser Bestes geben, um etwas zu bewirken. Wenn unser Geld alle ist, wird uns schon etwas einfallen wie wir damit umgehen können.

Ein anderer Punkt war die Wasserleitung die präventiv gegen die Überschwemmungen gebaut werden soll. Eigentlich ist vom Staat geplant gewesen, die Straße, die dort bei starken Regenfällen Probleme bereitet, Ende Juni neu zumachen. Das heißt, die Rohre, um das Wasser abzuleiten, müssten davor gelegt, und ein Abfluss-Kanal kreiert werden. Da allerdings jetzt nach dem Erdbeben sehr viele öffentliche Gelder gestrichen wurden bzw. für die Beben-Schäden verwendet werden, ist noch unklar was staatlich finanziert werden wird. Frank ist im Kontakt mit der Baufirma, die dort arbeiten würde und würde das mit den Rohren zur Umleitung des Regenwassers gegebenenfalls halt einfach ohne uns und zwar schon im Juni machen. Er hält uns auf dem Laufenden was diese Arbeiten betrifft so dass wir unsere Planung danach ausrichten können.

Unser Kräfte- und Zeitkapital ist begrenzt, und so auch unser Geldkapital. Aber trotzdem werden diese drei Komponenten in Kombination einen wirkungsvollen Rahmen ergeben, ich denke da sind wir uns alle einig.

Zur aktuellen Lage in Ecuador

In den aktuellen Nachrichten kommen Berichte zur aktuellen Lage in Ecuador jetzt (Ende April 2016, nur zwei Wochen nach dem Erdbeben) nicht mehr vor. Uns hat der Bericht einer Helferin von vor Ort erreicht, aus dem Marie die wichtigsten Informationen zusammen gefasst hat.

(me) Es gibt eine große Panik und Angst, die Menschen machen Zeltlager in Parks und Spielfeldern. Diejenigen, die ihre Wohnung verloren haben, sind in staatlichen Herbergen untergebracht. In der Nacht wird es gefährlich und die Familien halten Stellung. Am meisten werden immer noch Nahrungsmittel und Wasser gebraucht.

Die Stadtzentren und Geschäfte sind stark betroffen. Die Häuser und Gebäude stürzen zusammen. In den ländlichen Gebieten schlafen die Familien im Hauseingang, um ihre Häuser zu beschützen und aus Angst vor Nachbeben.

Am Anfang waren die staatlichen Institutionen schlecht

organisiert, zum Beispiel bei der Verteilung von Essenspaketen. Inzwischen, auch dank der Besuche von Ministern und des Präsidenten in betroffenen Gebieten, gibt es sogar Beamte in den Zeltlagern.

Es gibt sehr viele Freiwillige, auch aus dem Ausland. Es sind aber immer noch nicht genug. Es ist wichtig, dass sie sich bei den koordinierenden Stellen melden, damit sie auch gut eingesetzt werden können. Es gibt schon lange Listen von Menschen die helfen möchten. Was es nicht braucht sind Touristen oder Menschen die nicht mitarbeiten.

Auch viele Familien organisieren sich untereinander. Die Menschen haben einen starken Willen ihre Städte wieder aufzubauen.

Das sind Tipps, was getan werden soll, wenn man in betroffene Gebiete kommt und helfen möchte:

Man sucht die Registrierstelle, die die Aufgaben vergibt. Falls man lange warten muss, kann man die Herbergen oder Lager aufsuchen und die koordinierenden Personen suchen. Nicht still bleiben, aber auch nicht das schon Geschaffte durcheinanderbringen.

Versucht als Gruppe zusammen zu bleiben und macht Notfalltreffpunkte aus (in vielen Städten gibt es noch kein Handynetz). Bringt eigenes Essen und Trinken mit und benutzt Staubschutz.

Macht euch eine Liste mit den Leitern der Herbergen und Lager. Alle Zonen brauchen Betreuung, aber keine Überversorgung. Die Liste kann dann an neue Freiwillige weitergegeben werden.

Die Freiwilligen wird man noch mindestens vier Monate brauchen, für die Notversorgung und bis die Menschen in den betroffenen Gebieten wieder zur Arbeit gehen können.

Am nötigsten braucht es haltbare Lebensmittel, Wasser, Decken, Zelte, Taschenlampen, Mülltüten und Medizin. Geldspenden sind natürlich auch erwünscht!

Das Erdbeben am 16. April

Von unseren Projektpartnern in Ecuador ist durch das Erdbeben niemand zu Schaden gekommen. Frank Isfort berichtet von den Ereignissen:

(fi) Zuerst einmal, es geht uns allen gut. Nichts passiert, nichts kaputt, nichts verloren und nichts dazu gekommen. Danke auch für die vielen besorgten Nachfragen die ich auch schnell beantwortet habe. Jetzt kommt der ausführliche Bericht.

Ich lag gerade im Büro auf dem Boden und habe meine Rückenübungen gemacht, als plötzlich die Sonnenschule anfing zu wackeln. Oh je, ein Erdbeben. Schon öfter erlebt. Dann wurde die Wackelei aber immer heftiger und so bin ich schnell raus gesprungen. Sicher ist sicher. Das ist gar nicht so einfach wenn alles wackelt! Dann stand ich da in Unterhose und konnte es nicht fassen wie sich die Sonnenschule und der Boden bewegten. Ich dachte nur, unglaublich wie viel die Sonnenschule aushält. Hoffentlich passiert nichts!!! Die Stromleitungen schwan-gen wild hin und her und ich dachte, wie lange halten die das wohl aus. Im selben Moment kam auch schon die Ant-wort, denn der Herr nahm uns das Licht.

Von den Erdbeben die ich bis jetzt in Ecuador miterlebt habe, war das gestrige mit Stärke 7,8 mit Abstand am stärksten. Es hat mit über zwei Minuten auch sehr lange gedauert. Der Boden hat sich nur langsam wieder beruhigt und das Laufen danach sah so aus, als ob man nach einem Wochenende Segeltörn die ersten Schritte wieder auf dem Land macht. In der Nacht hat es noch über 70 Nachbeben gegeben, doch ich habe nur zwei Mal einige Stöße gespürt und jetzt ist erst einmal Ruhe.

Vor der Schule haben sich die Nachbarstöchter mit Freundinnen unterhalten. Die kamen schreiend angelau-fen und haben sich um mich gescharrt. Es kamen noch zwei andere Nachbarn und der kleine Rudi angelaufen, sowie man das Laufen nennen konnte bei dem Beben. Das sah aus, als ob sie volltrunken gewesen wären. Es ist schon ein komisches Gefühl wenn der Boden so wackelt. Noch komischer muss es ausgesehen haben, wie ich in

Unterhose und T-Shirt am Zaun stand, mich daran fest-gehalten habe und eine Horde 14, 15 jähriger Mädchen sich um mich scharrte und Schutz suchte. Einige heulten und alle schauten ziemlich ängstlich drein. In so Situationen bin ich total klar im Kopf und überlegte schon, was man in Situationen die kommen könnten machen sollte. Im Nachhinein wurde es mir aber etwas mulmig und ich war froh, dass nichts passiert war.

Es kamen kurze Zeit später einige übervolle Pickups mit Leuten an. Ich dachte mir, Pech gehabt, ohne Strom keine Party. Als es dann immer mehr wurden, habe ich mal nachgefragt. Die Leute sind vor einem möglichen Tsunami geflohen. Eigentlich Quatsch, denn das Epizentrum lag so dicht vor der Küste, dass der Tsunami da gewesen wäre, bevor irgendjemand auf dem Pickup gewesen wäre.

Wir hatten sehr großes Glück, denn in Aguas Frías und Atacames ist bis auf einige Mauern und ein schiefes Haus kaum etwas kaputt gegangen, was man von Muisne und Pedernales, wo das Epizentrum lag, nicht behaupten kann. Da soll die Hälfte der Häuser kaputt sein. Ich war am Sonntag mit unserer Helferin Mercedes da, um zu schauen ob das Haus der Familie dort Schaden genommen hat. Zum Glück nicht.

Den Süden der Küste von Ecuador hat es mehr erwischt und selbst in Quito sollen über 20 Häuser eingestürzt sein – auch nur im Süden der Stadt. Warum bei uns so wenig passiert ist, obwohl wir sehr nahe am Epizentrum liegen, ist mir ein Rätsel. Werde ich aber noch lösen. Am Sonntag war auch in der ganzen Stadt Atacames kaum was los. Selbst am Strand waren so gut wie alle Bars und Restaurants geschlossen. Daran merkt man schon, dass die Angst und Erleichterung, dass hier nicht mehr passiert ist, sehr groß war.

Nach dem Beben

Trotz Nachbeben bleibt alles einigermaßen gut. Aber Nachbeben erschüttern Ecuador und verunsichern die Menschen. Von der aktuellen Situation berichtet Frank Isfort direkt aus Ecuador:

(fi) Die Erde kommt nicht zur Ruhe und die Sonnenschule hat auch diese Beben ohne Schäden überstanden. Einen Monat nach dem großen Erdbeben mit tausenden von kleinen und mittleren Nachbeben hat die Erde sich noch einmal kräftig geschüttelt. Zum Glück nur kurz.

Einmal 3.00 Uhr nachts mit Stärke 6,9 und am nächsten Tag mittags mit 6,8. Die Tiefe des Bebens wurde sehr unterschiedlich angegeben: Die US-Erdbebenwarte sprach von 31 Kilometern, das Geologische Institut Ecuadors berichtete von 6 Kilometern Tiefe, wie das große Beben auch. Die Beben habe sich in der gleichen Region ereignet, die vor einem Monat verwüstet wurde.

Natürlich sind die meisten Leute, wie ich auch, schnell

nach draußen gelaufen. Als ich danach wieder im Bett lag, wusste ich nicht, ob das Miniwackeln zwischendurch von meinem Herzschlag kam oder noch aus der Erde. Am folgenden Tag mittags saß ich im Café und da sind die Leute auch panisch raus in den Park gelaufen. Danach habe ich ein Gespräch von zwei älteren Schülerinnen mitbekommen. „Als es heute Nacht gewackelt hat, habe ich ganz laut nach meiner Mami geschrien. Ich hatte vielleicht eine Angst. Jetzt auch wieder. Lass uns nach Hause gehen".

Mercedes hat mir erzählt, dass sie mit hunderten anderen Leuten die weitere Nacht im Park von Súa verbracht hat. Dazu kam noch die Angst vor einem Tsunami. Der Schock sitzt super tief bei den Menschen hier in der Region, und sie haben sich nicht mehr in ihre Häuser getraut.

Isabel hat das Beben in Esmeraldas erlebt. Ein höheres Gebäude soll zweimal hin und her geschwenkt sein und ist dann in sich zusammen gestürzt. Die Leute sind in Panik geraten und auch Isabel ist nach Hause und hat sich erst einmal „versteckt". Isabel weiß von etwa 20 Häuser die in Esmeraldas eingestürzt sind und etliche haben

Risse, oder Wände sind umgestürzt. Hatten wahrscheinlich schon Schäden vom ersten Beben gehabt. In Esmeraldas ist mehr passiert als bei dem Beben vor einen
Monat. Die Leute die ihre Häuser verloren haben, sollen
vom Staat 1.000 Dollar Starthilfe bekommen. Damit kann
man nicht viel reißen.

Wegen der Erdbebenangst sind an diesen Tagen kaum
Kinder zu uns gekommen, und die Schulen waren aus
demselben Grund vier Tage geschlossen. Der Präsident
Correa ordnete ein sofortiges Ende des Schulunterrichts
im ganzen Land an, „bis es gesicherte Informationen über
die Folgen gibt".

Mercedes ist zwar am besagten Tag in die Sonnenschule
gekommen, doch eine Stunde zu spät und total durchein-
ander. An Unterricht war da nicht zu denken. Auch die
Helferinnen, Johanna und Alexandra, sind nicht gekommen. So habe ich den Kindern ihre Lieblingsbeschäftigung
machen lassen: spielen, was sie wie immer sehr genossen
haben.

Etwas verwundert bin ich schon über die Reaktionen der
Ecuadorianer. Ich bin davon ausgegangen, dass sie viel

entspannter mit solchen Katastrophen umgehen, wo es hier doch öfter geschieht. Doch das Gegenteil ist der Fall. Es grenzt fast schon an Hysterie wenn jede Unregelmäßigkeit als Vorbote eines neuen Bebens gedeutet wird. Joleidy und Alexandra sind vor Angst fast durchgedreht als es vor einem Regen dunkel und total still geworden ist. „Jetzt kommt ein weiteres Beben. Ist es hier vor Tsunamis sicher?"

Beim ersten Beben ist mir schon aufgefallen, dass die Menschen kaum noch raus gegangen sind und der Strand menschenleer war. Jetzt ist es wieder genauso. Der Strand von Atacames ist leer und in Súa sind auch kaum Leute draußen. In Súa hatten auch viele Geschäfte zu. Abends um 7 Uhr war absolut tote Hose und es war kein Mensch auf der Straße. Sonst ist an Wochenenden richtig was los.

Ein Wochenende voller Herz

(vg/me) Liebe, Herzschmerz, rote Rosen, oder doch nur ein Muskel, die Pumpe des Lebens? Bei unserem Aprilwochende in Castrop-Rauxel ging es unter anderem um das Zentralorgan des Menschen.

Schon lange bevor unser Herz für den InterAKTION-Kurs schlug, wurde dieses Organ von verschiedensten Völkern verehrt. Unsere Reise nach Ecuador führt uns zu den Wurzeln der indigenen Bevölkerung Ecuadors, die das Herz als Sonne des menschlichen Körpers ansah, und die sogar mit wöchentlichen Opferungen von menschlichen Herzen die Götter beschwichtigten wollte. Auch auf vielen anderen Kontinenten kommt dem Herzen eine besondere Bedeutung zu. In Asien z.B. werden die Gedanken nicht im Kopf verortet, sondern im Herzen, und das chinesische Schriftzeichen für Herz bedeutet gleichzeitig Achtsamkeit. Das Herz ist das einzige Organ unseres Körpers, das wir spüren können und dessen Klopfen, in einem Moment des

Innehaltens, uns immer wieder zum Staunen bringt. Das also ist Leben! Auf einer wissenschaftlichen Ebene können wir die Kammern, Klappen, Venen und Arterien sehen, die die Blutzirkulation zu jeder Zelle unseres Körpers ermöglichen. Aber natürlich dürfen wir auch die Gefühlsebene nicht vergessen. Wie kommt es, dass wir unser Herz als Heim unserer Gefühle ansehen? Jedes unserer Herzen hat schon geschmerzt und alle sind wir auf der Suche nach unserem „Herzensthema". „Man sieht nur mit dem Herzen gut", stellte Saint-Exupery fest. „Das Wesentliche ist für die Augen unsichtbar." Wir wünschen uns für Ecuador, als Mitte der Welt, nicht nur offene Augen, sondern auch ein offenes Herz, das uns unter den vielen neuen Eindrücken das Wesentliche erkennen lässt.

Rückblick auf die Zukunft:
Ein Sommer in Ecuador

(nm) Es ist ein lauer Sommerabend im September. Ich sitze im Garten, eine leichte Brise weht durch die Bäume, deren Blätter langsam ihre Farbe ändern. Ich bin zurück. Schaue mich um, schaue mit verändertem Blick. Ich nehme einen tiefen Atemzug und träume, lasse meine Gedanken einfach schweifen.

Ich finde mich auf den Schwingen eines Andenkondors wieder. Er trägt mich über den atlantischen Ozean, wir lassen Brasilien hinter uns, überqueren Peru und landen im Nord-Westen Ecuadors. Es war ein langer Flug, die Temperaturen stiegen mit jedem Flügelschlag. Ich sehe das Meer, doch diesmal ist es der Pazifische Ozean. Die Welt um mich herum sieht ganz anders aus, als ich es gewohnt bin. Keine Fachwerkhäuser, keine Ziegeldächer, stattdessen kleine Hütten. Wellblech gibt Schutz vor Regen und Sonne. Meine nackten Füße berühren spitze Steine. Der Andenkondor erhebt sich in die Lüfte. Ich gehe einen Schotterweg entlang. Der Sand wird aufgewirbelt durch einen an mir vorbeifahrenden bunten Bus voller Menschen. Warm ist es hier; ganz anders fühlt es sich an, als der Sommer aus dem ich gerade komme. Laut ist es um mich herum, doch es ist nicht das Rauschen der Autobahnen, nicht der Verkehr aus der Stadt. Es sind das Rauschen eines Flusses und das Zwitschern der Vögel. Der Wald um mich herum wirkt so anders als die in Reih und Glied gepflanzten Bäume aus der Heimat. Ich folge dem Weg und erreiche nach einiger Zeit die Sonnenschule. Mein Zuhause für den Monat August. Hier habe ich gelacht, geweint, gespielt, gearbeitet, geschlafen, gekocht und genossen. Ein Leben fernab der Zivilisation. Ein Ort an dem ich meiner Kreativität freien Lauf lassen konnte.

Die Kinder kommen gerade aus der Schule. Sie sind nicht mehr nur noch „die Kinder" für mich, wie es noch vor einigen Monaten war. Sie sind meine Freunde, mit denen ich viele Stunden verbracht habe. Ich verbinde mit jedem von ihnen eine Geschichte, kenne ihre Namen, ihr Lachen, ihre Träume. Wir haben gemeinsam das Leben erforscht. Sie haben mir geholfen anzukommen in der Fremde und mir gezeigt, was ihre Heimat ist. Das gemeinsame Spielen und Arbeiten hat uns die Türen in die jeweils anderen Leben geöffnet. Als sie in der Schule waren haben wir als Gruppe gemeinsam mit Frank und einigen Nachbarn wieder frischen Wind in das Projekt gebracht. Fenster in den Häusern schützen nun vor Regen, kein Hochwasser wird mehr die Gebäude überschwemmen. Alle Räume sind bewohnbar, sie bieten Schutz und Geborgenheit. Die Kinder können sich nun in die Höhe hinauf wagen. An der neuen Kletterwand lässt sich erproben, wie es sich anfühlt – aus eigener Kraft – hinaufzuklettern, ähnlich wie in den Bäumen, und doch anders. Stück für Stück ein wenig höher, die eigenen Grenzen erweitern

Gemeinsames Kochen mit den Müttern hat mir einen weiteren Einblick in die Kultur und das umliegende Dorf gewährt. Neues ausprobieren, Altbewährtes lernen: gegenseitige Inspiration hat jeden Tag besonders gemacht. Es war aufregend. Viele neue Erfahrungen bereichern nun unser aller Alltag.

Nun stehe ich hier mit ruhig klopfendem Herzen. Zu Beginn unseres Baucamps war das ganz anders. Ich wusste nicht, was auf mich zukommt. War neugierig, wollte mehr von der Welt sehen, wollte von Menschen aus einer so anderen Kultur lernen. Fand mich dabei darin wieder, meine inneren Grenzen zu erweitern, Bilder und Erzählungen über Ecuador, die ich von Zuhause mitbrachte, begreifbar und fühlbar werden zu lassen. Nun kenne ich Pflanzen und Tiere, von denen ich vorher noch nie gehört hatte, verstehe eine Sprache, die mir fremd war und habe eine Schatzkiste mit vielen Erlebnissen und Erfahrungen, an denen ich mich auf meinem weiteren Weg erfreuen kann, und die mich daran erinnern, wie es ist in Aguas Frias zu leben, mit neuen Rezepten und kreativen Ideen.

Es wird frisch. Ich öffne meine Augen und befinde mich wieder im Garten in Deutschland. Ein warmes Gefühl durchströmt mich, gefolgt von Dankbarkeit für das, was ich im Sommer in Ecuador erleben durfte.

Wie ich an die Steinschleuder kam

Darüber, wie der Kontakt zum Projekt in Ecuador zustande kam, und wie sich die weiteren Entwicklungen gestalten, schreibt Frank Isfort. Er lebt in Ecuador und engagiert sich dort für die Sonnenschule:

(fi) Eine Mail, ein Anruf und für mich gab es doch ein Weihnachtsgeschenk. Eine unverhoffte Hilfe ohne vorher zigmal „betteln" zu müssen.

Der Steinschleuder ist eine Organisation von Jugendlichen und jungen Erwachsenen, die sich für die Unterstützung von lokalen Initiativen in Ländern des globalen Südens, den sogenannten „Entwicklungs- und Schwellenländern", engagiert. Ein Schwerpunkt liegt dabei auf Jugendprojekten, z. B. im Bildungsbereich.

„In Anlehnung an die Geschichte von David gegen Goliath wollen wir zeigen, dass auch wir Jugendlichen und jungen Erwachsenen etwas bewegen und verändern können."
Die Leute vom Steinschleuder e.V. haben uns über die

San Andrés Homepage gefunden und Kontakt mit uns aufgenommen. Nach zwei Gesprächen war schon alles klar. Jetzt kommen Ende Juli sieben Leute, welche die Arbeit an der Sonnenschule beenden wollen und zusätzlich noch neue Ideen und Vorstellungen mitbringen. Ich lasse mich überraschen und alles auf mich zukommen. Für mich ist es so wie bei den Heinzelmännchen, nur das sie sich zeigen und mit mir und den Einheimischen etwas zusammen machen möchten. Ich freue mich sehr auf die „Arbeitshorde", die Gesellschaft mit ihnen und den frischen Wind der mit ihnen kommen wird.

Nach unseren Skypegesprächen machen sie einen sehr guten und engagierten Eindruck. Es kam so durch, dass sie die Befürchtung haben, nicht genug Arbeit vorzufinden. Nach den bisherigen Erfahrungen, dass junge Volontäre die Freizeitaktivitäten sehr viel höher einschätzen oder einfach nicht kommen, ist das ein ganz neues Gefühl. Das wird auch das Gruppenerlebnis bei ihnen sein, zusammen helfen und etwas machen. Als Abschluss soll dann auch der wohlverdiente Urlaub an einem schönen Ort sein.

Die größeren Arbeiten, wie letztes Jahr das Frauenhaus, sind ja „leider" schon gemacht, doch es hat noch soviel zeitintensiven Kleinkram. Dann muss das Abwasserproblem gelöst werden, was wahrscheinlich viel Muskelarbeit bedeutet. Ich denke schon, dass sie nicht unterfordert wieder abreisen oder vor Langeweile umkommen.

Weitere Arbeiten werden der Kinderspielplatz, Kletterwand in den oberen Klassenraum und vor allem die Fenster sein. Jetzt in der Regenzeit hat sich wieder gezeigt, dass es ohne Regenschutz nicht geht. Das Holz und die Tische müssen mal wieder überarbeitet werden. In der Küche könnte das untere Holz durch Steine ersetzt werden, damit beim nächsten Hochwasser die Küche trocken bleibt. Das Dach des Frauenhauses könnte an einer Seite verlängert werden, das obere Zimmer sollte endlich fertig gestellt werden usw. Da alles ein riesen Geschenk für die Sonnenschule ist, sollen die Jugendlichen und Betreuer auch freie Hand haben, um ihre Vorstellungen zu verwirklichen. Ich werde auch nur Einwände vorbringen, wenn ich etwas als total falsch empfinde, oder wo ich weiß, dass unsere Kinder das nie annehmen würden. Mittlerweile kenne ich ja die Leute, Macken und Kultur hier.

Wohnen wollen die jungen Leute gerne in Familien, was nicht so einfach sein wird. Einmal wird man in Ecuador sehr selten nach Hause eingeladen, und das größere Problem werden die Enge der Hütten, die hygienischen Verhältnisse und die Sprachprobleme sein. Sie unterzubringen ist wieder eine schöne Aufgabe für mich. Da müssen die Mütter mal zeigen, dass sie nicht nur „haben" wollen.

Durch unsere Kinder und den Nachbarn werden sie sowieso viel von der Kultur und den Eigenarten auf dem Land von Ecuador mitbekommen. Am späten Nachmittag treffen sich die Kinder und Jungendlichen der Umgebung auf unserer Spielwiese, um Volleyball und Fußball zu spielen. Da kommt schnell Kontakt zustande.

Ich werde mich bis sie kommen mit Baumaßnahmen zurückhalten und dafür endlich das Unterrichtsmaterial ordnen und fertig stellen. Der Arzt hat eh gesagt ich soll es ruhiger angehen lassen...

Anders arbeiten

(pk) Das Goethe-Zitat „Das Was bedenke, mehr bedenke wie", kann auch gut auf die Arbeitswelt angewendet werden. Während unserer fünf Voroster-Tage im Ökodorf „Lebensgarten" in Steyerberg haben wir auch diesbezüglich wertvolle Erfahrungen gesammelt. Ja, es geht auch anders – und wie!

Zum weitläufigen Gelände des Lebensgarten, auf dem in liebevoll gepflegten Häusern etwa 200 Menschen in ökodörflicher Gemeinschaft leben, gehört auch ein Permakulturgelände, das „PaLS". Auf dem hier üblichen sandigen Boden, seit einigen Jahren in Bioland zertifizierter Bewirtschaftung, werden dort im einen, intensiv bewirtschafteten Teil Gemüse und Kräuter angebaut, während in einem anderen Teil zahlreiche Bäume angepflanzt wurden und werden. Das Ganze vermittelt den Eindruck lebendiger Beziehungen zwischen Mensch und Natur. Permakutur ist keine Anbaumethode, sondern ein Design, erläuterte uns Declan Kennedy, der einer der Pioniere der inzwischen weltweiten Permakultur-Bewegung ist. Dieses Design erfasst konsequent auch die Rolle des Menschen in seiner Verantwortung innerhalb seiner Mitwelt. Arbeit, das wurde uns zum unvergesslichen Erlebnis, wird auch zu etwas grundsätzlich anderem, wenn sie der Verwirklichung eines permakulturellen Designs zudiensten ist.

Mit Beginn des Arbeitstages nach dem Frühstück geschah täglich bereits Ungewöhnliches: Wir versammelten uns auf dem Dorfplatz, um eine halbe Stunde miteinander zu tanzen. Klänge, Worte, Schritte und Figuren führten in verschiedene Kulturen und Zeiten der Welt. Fröhlichkeit und Lächeln legten sich auf die Gesichter der Beteiligten. „The earth is our mother we must take care of her...", ist der Beginn eines Liedes, das die Hopi der weltweiten Permakultur-Bewegung vor Jahren in Seattle geschenkt haben. Nun tanzten wir zu diesen Worten und der eingängigen Melodie, und fühlten: Ja, das ist wahr!

In einem Nachbardorf lebt auf einem Resthof der mit dem Lebensgarten verbundene Schreiner Dirk. In einer ehemaligen Scheune hat er seine Werkstatt zur Herstellung fei-

feiner Spielzeuge eingerichtet. Dafür verarbeitet er Holz aus lokaler und regionaler Ernte. Was den agilen Ostfriesen mit dem unüberhörbaren, sympathischen Akzent auszeichnet, ist sein tatkräftiges Bekenntnis zur Nachhaltigkeit, das rund um die Gebäude des Hofes sichtbar ist: Überall wachsen Bäume unterschiedlicher Größe, die er seine Kinder nennt. Buchen, Eschen, Ulmen, Eichen, Nussbäume… „Wenn ich Holz verarbeite, muss ich ebenso auch Bäume pflanzen", bringt Dirk es schon bei der ersten Begegnung unmissverständlich auf den Punkt. Im Laufe der folgenden Tage haben wir mit ihm gemeinsam dreißig Bäume aus- und im PaLS-Gelände wieder eingegraben. Liebevoll und achtsam war der Prozess. Nicht effizient-arbeitsteilig organisiert, sondern so, dass jeder Baum in einem geschlossenen Prozess durch die gleichen Helfer*innen umgesetzt wurde.

Der amerikanische Komponist Charles Ives hat im vergangenen Jahrhundert *„The unanswered Question"* geschrieben. Darin findet sich musikalisch jenes Erlebnis des weltoffenen Staunens ausgedrückt, an dessen Entdeckung und Pflege uns im InterAKTION-Kurs so sehr gelegen ist. Als insofern offene Frage haben wir aus Steyerberg mitgenommen: Wie anders könnte die Arbeitswelt sein, wenn in ihr viel mehr musikalischer Frohsinn und handfeste Achtsamkeit zu finden wären?

Mitten im Leben

Wie anders die Lebens- und Arbeitsbedingungen in anderen Weltgegenden sein können, ist nicht leicht vorstellbar. Und wenn es annähernd gelingt, erscheinen die eigenen, komfortablen Lebensverhältnisse in anderem Licht. Auf diese Erfahrung kommt es uns bei unseren Aktivitäten (Kurs und Baucamp) an. In einem Newsletter vom Januar 2016 berichtet Frank Isfort von aktuellen Ereignissen in und um die Sonnenschule.

(fi) In der Sonnenschule können die Kinder sich in die Nutzung von Computern einweisen lassen. Der Unterricht wird von Nikolai, einem Deutschen, erteilt: „Kurz vor seinem ersten Unterricht hat er sich bei einem Motorradunfall den Fuß gebrochen. Jetzt ist es endlich soweit und er hat die ersten Stunden hinter sich. Die Kinder freuen sich und sind total bei der Sache." Allgemein spielt das Wetter eine wichtige Rolle, denn…"wenn es viel regnet kommen weniger Kinder vorbei, meist von der anderen

151

Seite des Bachs. Der steigt dann so an, dass es gefährlich wird durchzulaufen. Da keines der Kinder einen Regenschirm hat, kommen sie dann klatschnass an und müssen trocken gerubbelt werden."

Die Sonnenschule wäre ohne die vielen freiwilligen Helferinnen und Helfer nicht denkbar. Unter ihnen sind auch Dixon und Erick: „Sie helfen viel in der Sonnenschule mit, sind recht geschickt und gut zu gebrauchen. Jetzt haben sie mitgeholfen die Wände im oberen großen Zimmer abzuschleifen, die Polycarbonat-Platten zu montieren und andere Handlangerarbeiten zu machen. Mit der Machete arbeiten sie fast so gut wie Erwachsene. Sie haben die Bäume des Lebendzauns wieder beschnitten, was zweimal im Jahr gemacht werden muss, damit sie nicht zu hoch werden."

Nachdem vor ein paar Jahren mit Geldern einer deutschen Stiftung ein Brunnen gegraben werden konnte, ist – als Ausnahme in dieser Gegend – Trinkwasser unproblematisch verfügbar. Das ist ein wahrer Segen für die Kinder: „Nach Ende der offiziellen Schule kommen immer Gruppen durstiger Kinder vorbei. In der Schule in Aguas

Frías gibt es kein Trinkwasser und so ist die Sonnenschule zur Trinkoase geworden, auch für Kinder die nicht bei uns sind."

Aber Wasser, genauer gesagt Regenwasser, kann auch problematisch werden. Dann nämlich, wenn es einfach zu viel wird. Als bei starken Regenfällen das Wasser vom Dach in die Küche floss, und dort große Schäden zu verursachen drohte, wurde kreativ und improvisationsfreudig eine Lösung geschaffen: „Da wir keine Dachrinnen bekommen konnten, haben wir Plastikrohre halbiert und mit Moniereisen am Dach befestigt." Die Dimensionen „regnerischen Wetters" nehmen sich in den tropischen Regionen, verglichen mit unseren Breiten, gigantisch aus: „Land unter, die Straße wurde zum Fluss, die Sonnenschule stand unter Wasser und zurück blieb der Schlamm. Die Leute meinten, sie hätten das noch nicht so erlebt. In Súa sind zwei Kinder ertrunken und Pferde, Kühe, Schweine, Hühner, Hausrat, Gasbehälter usw. ins Meer gespült. Man hat mir erzählt, dass sich Menschen auf die überfluteten Straßen gewagt haben und sich gegriffen haben, was sie bekommen konnten. Das

Wasser ist in Brusthöhe durch die Straßen geflossen. (...) Die armen Menschen wohnen meist in Gefahren-bereichen, wo sie günstig Land bekamen oder es sich einfach genommen haben. Bei Überschwemmungen sind natürlich sie es, die dann oft alles verlieren. Die Tage da-nach saßen und campierten hunderte Menschen an den Hauptstraßen und haben fürs Überleben gebettelt. Viele Menschen haben ihr Haus verloren, Kühlschrank, Ma-tratzen, Kleidung weg oder kaputt und überall der Schlamm. Selbst eine Woche später lagen noch überall Matratzen, Spielsachen usw. herum und die Menschen suchten nach noch brauchbaren Sachen."

Kursabschluss

(pk) Nach sieben Monaten ist der erste InterAKTION-Kurs am vergangenen Wochenende beendet worden. Das Treffen der Kursteilnehmer*innen fand bei herrlichem Sommerwetter wie gewohnt im Pfadfinderheim in Castrop-Rauxel statt. Nun geht es bald nach Ecuador ins Baucamp an der Sonnenschule. Die letzten Vorbereitungen und Verabredungen werden nun getroffen.

In einem inhaltlichen Beitrag am Freitag Abend ging es zusammenfassend um die Begegnung, bzw. das Aufeinandertreffen der Kulturen im Zuge der Globalisierung seit dem 16. Jahrhundert. Die europäischen Lebensverhältnisse und -gewohnheiten unterscheiden sich bis auf den heutigen Tag gravierend von denen in Südamerika. Wie kann damit im Rahmen des bevorstehenden Baucamps umgegangen werden?

Die Art, in der wir unser Leben führen, hat Einfluss auf den Grad der Verbundenheit mit der Welt. Ob wir bloß von einer "Um"-welt oder von einer Mitwelt sprechen drückt ein jeweils unterschiedliches Erfahren der Welt aus. Im Allgemeinen sind wir Menschen nicht mehr sehr stark mit dem Lebensraum verbunden, in dem wir existieren. Eine weitreichende Verantwortungslosigkeit ist die Folge davon, denn: Man überfordert nicht, womit man wirklich verbunden ist!

Die bevorstehenden Wochen in Ecuador werden viele Anlässe dafür bieten, mit offenen Sinnen auf die vielen neuen Erfahrungen zuzugehen. Wir haben uns in den Monaten des Kurses mit vielen verschiedenen Aspekten der globalen Geschichte und Kulturentwicklung beschäftigt, um verstehen zu lernen, worin die Probleme von Heute verwurzelt sind, und um zu erkennen, auf welchen Beitrag für die Welt der Zukunft es aus heutiger Sicht ankommt. Schließlich haben wir uns ausführlich mit den Besonderheiten Südamerikas und Ecuadors beschäftigt, mit der Geologie und Vegetation, dem Klima und der geschichtlichen Entwicklung, aber auch mit der aktuellen politischen und gesellschaftlichen Situation. Das alles soll kein bloßes Wissen sein, sondern den konkreten Rahmen bilden, in dem wir uns an den bevorstehenden Erfahrungen entwickeln werden.

Am Samstag Nachmittag fand mit der Übergabe der Teilnahmebescheinigungen die feierliche Aufnahme in den Kreis der aktiven Steinschleuderer statt. Im 25. Jahr ihres Bestehens wird sich wieder eine Gruppe Jugendlicher in der weltweiten Entwicklungszusammenarbeit der Steinschleuder engagieren!

Unser Projektland Ecuador

Land, Klima, Leute

(vg/dk) Ecuador, der kleinste der Andenstaaten, liegt am Pazifik und grenzt im Norden an Kolumbien und im Osten und Süden an Peru. Die Anden durchziehen das Land von Nord nach Süd. Der Chimborazo (6310 m) ist der höchste Berg. Das Hochland (Sierra) wird durch die aus 30 Vulkanen gebildeten Hochgebirgszüge geprägt: die West-kordillieren (Cordillera Real) und die Ostkordillieren (Cordillera Oriental). Westlich der Anden liegt das fruchtbare Tiefland, östlich der Anden der Regenwald (Selva, Oriente, Amazonia) des Amazonasbeckens. Die Küste (Costa), von niedrigen Hügelketten durchzogen, nimmt ca. ein Viertel der Staatsfläche ein. Das obere Amazonasbecken im Osten besteht aus dichtem tropi-schem Dschungel, der von zahlreichen Flussarmen durchzogen wird. Die Amazonasregion nimmt 36% der Landesfläche ein, jedoch nur 3% der Bevölkerung leben dort. Die Galápagos-Inseln liegen etwa 1000 Kilometer östlich des ecuadorianischen Festlandes. Aufgrund ihrer abgeschiedenen Lage beheimaten sie eine außergewöhnliche und einmalige Artenvielfalt.

Das Klima

In Ecuador herrscht ein warmes, tropisches bzw. subtropisches Klima mit großen Unterschieden zwischen der Andenregion und der Küste. In den Gebirgstälern des Hochlandes kommt es zu starken Temperaturschwankungen während des Tagesverlaufes. An der Küste nehmen die Regenmengen von Norden nach Süden ab, von Juni bis November ist die trockenste Zeit. Im Amazonasbecken und im nördlichen Küstentiefland ist es feuchtheiß. Meeresströmungen sind verantwortlich für die zwei Jahreszeiten auf den Galápagos-Inseln; in der ersten Jahreshälfte ist es meist sonnig, die Wassertemperatur beträgt ca. 23 Grad, doch gelegentlich gehen schwere tropische Regenschauer nieder. Diesig ist es während der Trockenzeit in der zweiten Jahreshälfte, die Wassertemperatur ist, bedingt durch den Humboldtstrom, kälter.

Die Bevölkerung

Ecuador ist ein multiethnisches und multikulturelles Land mit ca. 16,03 Millionen Einwohnern. In seinen drei Festland-Regionen leben 13 indigene Nationalitäten, die ihre eigenen Bräuche, ihre eigene Lebensweise und Weltanschauung bewahrt haben. Etwa 55 Prozent der Bevölkerung sind Mestizen (eine Mischung aus Indígenas und Weißen), 25 Prozent Indígenas, zehn Prozent sind Weiße (meist spanischer Abstammung) und zehn Prozent sind schwarz-afrikanischer Abstammung. Der größte Teil der Indígenas (Indios) lebt in den Anden und sie sind bei uns meist bekannt durch Ihre farbenprächtigen Trachten und ihre noch farbenfroheren und quirligen Märkte. Von der gesamten Bevölkerung – der Altersdurchschnitt (Median) liegt bei 26,7 Jahren – sind 85% römisch-katholischen Glaubens.

Europa im 16 Jahrhundert

(mm) Das 16. Jahrhundert war in Europa ein Jahrhundert voller Umbrüche und Wandlungen. Wir befinden uns in der zweiten Hälfte der „Renaissance" (etwa 1400-1600), was so viel bedeutet wie „Wiedergeburt". Sowohl in der Wissenschaft als auch in der Kunst wird auf vormittelalterliches zurückgegriffen. Der Buchdruck war gerade erfunden, und Amerika entdeckt worden. Altes und neues Wissen wurde nun für breite Bevölkerungsschichten zugänglich. So konnten sich fortan die Anbaumethoden verbessern, was zu einer Expansion der Anbauflächen und Reorganisation landwirtschaftlicher Ressourcen führte. Dies, und die neuen Handelsbeziehungen in die neue Welt und darüber hinaus auch zu den neuen Kolonien, führte zu einem rapiden Bevölkerungswachstum. Der Handel mit Sklaven war ein wichtiger Faktor der damaligen europäischen Bereicherung.

1517 schlägt Martin Luther seine 95 Thesen an die Tür der Wittenberger Kirche, die zum Auslöser für Reformationen in ganz Europa wurden. Die mitteleuropäische Glaubenseinheit war beendet. 1533 bricht König Heinrich VIII mit der katholischen Kirche und wird selbst Oberhaupt der englischen Kirche. Die Macht des Papstes wird angezweifelt und überall entstehen neue Glaubensgemeinschaften.

1543 veröffentlichte Nikolaus Kopernikus sein Werk über das bis heute gültige heliozentrische Weltbild, 1582 wurde der ebenfalls heute noch gültige gregorianische Kalender eingeführt, römische Zahlen wurden durch arabische abgelöst, der Bleistift, das Fernrohr und die Taschenuhr wurden erfunden, der Kompass erreichte nun auch Europa. Es ist ein halbes Jahrhundert voller Wandel und Neuerungen. Das Mittelalter gilt als beendet und die Entwicklung in die Moderne beginnt.

Überall in Europa gibt es zahlreiche Konflikte. Die Bauernkriege vor allem im Süd- und Mitteldeutschland, die Hugenottenkriege in Frankreich und viele weitere. Zahlreiche Konflikte gehen mit der Spaltung der Kirche einher. Europa steht in der Zeit der Reformation vor der Herausforderung, neue Strukturen zu finden für die alte und nun in Frage gestellte universale christlich-katholische Herrschaft. Die kleine Eiszeit (15.-19. Jahrhundert) hatte von 1570 bis 1630 eine besonders kalte Phase. Es entstanden katastrophale Situationen für die sich gerade erst verdoppelte Bevölkerung, die sich in Verzweiflung, Misstrauen und Weltuntergangsstimmung äußerte. Die Kälte führte zu vielen Missernten und Hungersnöten. Vermutlich ist diese Phase der kleinen Eiszeit auch mit verantwortlich für die seit Ende des Jahrhunderts wiederaufkommende Hexenverfolgung. Die Menschen sahen oft eine Folge von schwarzer Magie in den sinkenden Erträgen. Den Angeklagten wurden unter anderem Schadenzauber am Wetter vorgeworfen. Schließlich wurden die vielen misslichen Umstände Ende des 16. Jahrhunderts zum Nährboden für den 30-jährigen Krieg (1618-1648).

Ecuador im 16. Jahrhundert

(sd) Im Jahr 1533 kamen die ersten Spanier nach Ecuador, wo schon lange keine „Ecuadorianer", sondern die Inkas herrschten. Sie waren aus dem Süden, aus dem heutigen Peru gekommen und pflegten eine indigene, südamerikanische und urbane Kultur. Zwischen dem 13. und 16. Jahrhundert herrschten sie über ein weit umspannendes Reich von über 200 ethnischen Gruppen, das einen hohen Organisationsgrad aufwies. Zur Zeit der größten Ausdehnung erstreckte sich sein Einfluss vom heutigen Ecuador bis nach Chile und Argentinien; ein Gebiet, dessen Ausdehnung größer ist als die Entfernung zwischen dem Nordkap und Sizilien. Während der Conquista (der Name für die spanische Eroberung Perus) kolonialisierten die Spanier auch Ecuador und gründeten im Jahr 1534 schließlich die „neue" Hauptstadt San Fransisco de Quito.

Die Inka hatten ihr Reich durch die Unterwerfung benachbarter Stämme geschaffen. Mit der Zeit herrschten sie über mehr als zehn Millionen Menschen. Ihr oberster Herrscher galt als Sohn des Sonnengottes auf Erden. Das Inkareich war straff durchorganisiert. Der Einzelne musste Abgaben und Dienste leisten, dagegen garantierte der Staat allen Menschen – auch den Alten und Kranken – Kleidung und Nahrung. Statt einer geschriebenen Schrift gab es das Kipu, ein kompliziertes Knotensystem mit unterschiedlichen Farben, Abständen und Knotenarten, mit dem Nachrichten übermittelt wurden. Die Landwirtschaft war einerseits sehr primitiv – Pflug, Wagen und Zugtiere waren unbekannt – , andererseits gab es für die Felder komplizierte Bewässerungssysteme. Die wichtigsten Kulturpflanzen waren Mais, Tabak und Kartoffeln. Das Inkareich verfügte über ein mächtiges Heer und zahlreiche Befestigungsbauten, die sowohl das gut ausgebaute Straßensystem als auch die Städte sicherten.

Das ging so gut und schnell, da zuvor der Inkaherrscher Huayna gestorben war und seine beiden Söhne sich zerstritten hatten, was das damalige Ecuador sehr schwächte und den Spaniern einen leichten Angriff ermöglichte. Der

Gewinner unter den beiden Brüdern war Atahualpa. Er wurde 1533 von den Spaniern, nach dessen endgültiger Eroberung Ecuadors, hingerichtet. Ecuador wurde von den Spaniern nie als Lebensraum-Erweiterung gesehen, sondern hauptsächlich als Rohstoffquelle. Darum wanderten hauptsächlich Männer ein, keine Frauen oder Familien, was das Menschenbild bis heute prägt. „Mestizos" heißen die Kinder von indigenen Frauen mit spanischen Vätern. Später, im 17. Jahrhundert, brachten die Spanier viele afrikanische Sklaven mit ins Land, weshalb dort das Gesellschaftsbild auch heute von vielen Schwarzen geprägt ist. Wegen dieser vielen verschieden Einflüsse ist Ecuador eines der ethnisch-vielfältigsten Länder der Welt.

Der spanische Eroberer Gonzalo Pizarro startete im 16. Jahrhundert viele Expeditionen in den Ausläufern des Amazonas. Immer wieder versuchte Ecuador auch Zugang zum Hauptstrom des Amazonas zu bekommen, was allerdings erfolglos blieb. In den Jahren um 1546 begab Pizarro sich auf eine Expedition in das innere, uner-forschte Ecuador, was als „Zimtland-Expedition" in die Geschichte einging, da er auf der Suche nach Zimtbäumen war. Diese allerdings standen für eine Beerntung zu nahe aneinander, auch war die Rinde zu schwer abzubekommen.

Die spanische Kolonialzeit dauerte rund 300 Jahre. Diese Zeit prägte die Andenvölker sehr. Die brutale und schmerzliche Einnahme Ecuadors durch die Spanier vertrieb die Inkas, die bis dahin die Bewahrer der universellen Sonnenreligion waren. Auch das Quechua (eine der Indigenen Sprachen), der Mais, das Dezimal-systems und die Infrastruktur für die Bevölkerung wären ohne die Kultur der Inka nicht denkbar gewesen. Was den Indios aber blieb war ihre Gemeinschaft, ihr Gespür für Sozialität, die ihnen einen Raum für eine historische Existenz gaben, in den sie sich zurückziehen konnten, um inneren Widerstand zu leisten und um ihr Überleben zu kämpfen. Erst im Jahr 1830 erreichte Ecuador seine völlige Unabhängigkeit. Das Land wurde zur Republik!

Indigene Gemeinschaften
im Amazonasgebiet Ecuadors

(sd) Im amazonischen Tiefland von Ecuador leben verschiedene indigene Gemeinschaften, zu denen unter anderen die Quichua, Huaorani, Shuar, Achuar und Zapara gehören. Der immergrüne tropische Regenwald in ihrem Wohngebiet weist eine reiche Artenvielfalt auf. Durch ihre traditionelle Lebensweise haben die indigenen Völker diese biologische Vielfalt bewahrt und gefördert. Aufgrund ihrer langen Erfahrung in der Anpassung an und in Wechselbeziehung mit ihrer Umwelt ähneln sich die Kulturen der verschiedenen indigenen Gemeinschaften in vielen Aspekten. Trotz des Einflusses von Erdölunternehmen, Siedlern, Touristen, transnationalen pharmazeutischen Unternehmen konnten die indigenen Gemeinschaften bis heute wesentliche kulturelle Bestandteile ihrer Lebens- und Wirtschaftsweise erhalten. Um ihre Interessen gegenüber dem Staat und der Gesellschaft zu verteidigen und geltend zu machen, organisieren sich die indigenen Gemeinschaften in verschiedenen Verbänden.

Ecuador hat mit über 40 Prozent einen sehr hohen Anteil indigener Bevölkerung . Hierzu zählen 13 indigene Völker mit eigener Sprache, die als "Nationalitäten" anerkannt sind. Die zahlenmäßig stärkste Gruppe sind die im Hochland lebenden Kichwa. In Amazonien stellen die Shuar mit etwa 110. 000 Indigenen die größte Gruppe dar. Weitere indigene Völker sind u.a. die Chachi (etwa 8.000) und Tsáchila (3.000) im Westen des Landes, sowie Huaorani (2.000), Siona, Secoya, Zápara (ca. 900) und Achuar (5500) im Amazonasgebiet. Seit 1998 hat sich die Rechtsgrundlage für die Indigenen maßgeblich geändert. Mit der Verabschiedung der neuen Verfassung erhielten sie rechtlichen Schutz und Anerkennung. In der Verfassung werden die Rechte der indigenen Völker und der Afroecuadorianer festgehalten.

Die Suche nach "El Dorado"

(vg) El Dorado (*spanisch "der Goldene"*) ist ein sagenhaftes Goldland im Inneren des nördlichen Südamerika. Ursprünglich bezeichnete der Name "El Dorado" einen Mann, später eine Stadt, und dann ein ganzes Land. Der Mythos beruht auf einer Legende, die von spanischen Entdeckern im 17. Jahrhundert verbreitet worden war. Ausgangspunkt des Mythos wird eine Geschichte sein, die von einem Herrscher erzählt, dessen Frau ihn mit einem anderen Mann betrogen hatte. Um der Bestrafung zu entgehen stürzte sich die untreue Gattin mit ihrem Sohn in die Lagune Guatavita und ertrank. Seitdem fuhr der traurige Herrscher jedes Jahr am Todestag der beiden in Gold gehüllt auf einem reich verzierten Floß hinaus in die Mitte des Sees, um dort goldene Opfergaben in den See zu werfen. Daraus entwickelte sich eine Zeremonie, die jeder junge Herrscher bei seinem Amtsantritt vollzog. Zahlreiche Expeditionen scheiterten, doch bei jedem Mal wurde die Legende mehr ausgeschmückt, und irgendwann galt es als absolut sicher, dass irgendwo ein Königreich existieren musste, in dem alles aus Gold gemacht war. Diese Entwicklung trieb immer neue Goldsucher in den Dschungel, aber das Reich des Vergoldeten, so wie es sich die goldhungrigen Europäer in ihren Träumen ausgemalt hatten, wurde bis heute nie gefunden.

Dabei hat man nichts unversucht gelassen: 1545 nutzten die Spanier die Trockenzeit und schöpften mit Kürbisschalen das Seewasser ab. Der Wasserspiegel sank um drei Meter und gab etwa 4000 Goldmünzen frei. Vierzig Jahre später folgte ein neuer Versuch, den See von Guatavita trocken zu legen. Noch heute zeugt eine riesige Kerbe in den hohen, den See umgebenden Gebirgswänden von diesem Unternehmen. Tausende Indianer mussten unter Befehl der Spanier einen Abfluss für den See graben, durch den der Wasserspiegel um 20 Meter sank. Man fand einige Goldscheiben und Smaragde, doch bald stürzten die Grabenwände ein und verschütteten viele der Arbeiter. Das Vorhaben wurde aufgegeben.

Zu Beginn des 20.Jahrhunderts war es der Unternehmer Hartley Knowles, der mit einem Tunnelbau das Wasser ablaufen ließ. Der freigelegte Seeboden war mit einer meterdicken Schlammschicht bedeckt, die nicht zu betreten war. Am folgenden Tag hatte die Sonne den Schlamm so hart werden lassen, dass er mit Schaufeln und Hacken nicht aufgebrochen werden konnte. Bis Bohrmaschinen herbeigeschafft waren, hatte der Schlamm den Tunnel blockiert und der See hatte sich wieder mit Wasser gefüllt. Und auch die weiteren Versuche, die Lagune trockenzulegen, scheiterten, bis die kolumbianische Regierung den See Guatavita 1965 zum nationalen Erbe erklärte.

Vor Ort:

Die Initiative und das Baucamp

Wieder in Südamerika

(pk) Mitte der 1990er-Jahre gab es in Südamerika drei Projekte der Steinschleuder, nämlich in Argentinien (auf dem landwirtschaftlichen Gut „La Choza" in der Nähe von Buenos Aires) und in Brasilien (Favela „Boa Vista" in Sao Paulo, und Bau einer Trinkwasserleitung auf der Ilha do Cardoso). Mit dem neuen Projekt wird sich die Steinschleuder in Ecuador engagieren.

Auch in diesem südamerikanischen Land ist das Leben der Menschen von Armut geprägt. Im Human-Developement-Index findet sich Ecuador auf Platz 88. Also gut die Hälfte der erfassten Länder ist reicher, mehr als die Hälfte jedoch noch ärmer als Ecuador. In der Bevölkerung zeigt sich das, insofern etwa ein Drittel der Bevölkerung unter akuter Armut leidet. Davon ist vor allem die Landbevölkerung betroffen. Die Benachteiligung zeigt sich besonders deutlich am Zugang zur schulischen Bildung und der medizinischen Versorgung.

Diese Situation nahmen ecuadorianische Aktivisten zum Anlaß für die Gründung, den Aufbau und den Betrieb der Sonnenschule. Hier finden Kinder und Jugendliche notwendige schulergänzende Unterstützungen durch Kurse und sozialpädagogische Maßnahmen. Der Deutsche Frank Isfort hat sein Leben so eingerichtet, dass er die längste Zeit des Jahres vor Ort mitwirkt. Die Steinschleuder hat sich nun dazu entschieden, die Sonnenschule mit ihren Möglichkeiten zu unterstützen.

Dabei soll es zunächst um den Abschluss von Ausbaumaßnahmen in der Sonnenschule gehen. Im oberen Stockwerk befindet sich über den Klassenräumen ein großer, noch nicht fertig gestellter Raum. Außerdem sollen im Außenbereich eine Regenwasser-Drainage und eine gestaltete Spielfläche für Kinder entstehen.

Die Sonnenschule

Ein gemeinnütziges Kinderhilfsprojekt
des Vereins San Andrés in Esmeraldas in Ecuador

(sd) Wir haben uns dafür entschieden, uns für das Projekt San Andrés in Ecuador zu engagieren. Vor Ort wird das Projekt offiziell und legal getragen von der „Fundación de Asistencia social Integral San Andres". In Ecuador gibt es keine Schulpflicht, also schicken die Leute, die kein Geld haben, ihre Kinder halt nicht zur Schule.

Ein echtes Problem sind also die schlechten Bildungs-Bedingungen bei Kindern von den vielen alleinerziehenden, viel zu armen Müttern. Viele Frauen haben fünf oder mehr Kinder, meist von unterschiedlichen Männern, die sich irgendwann aus dem Staub machen und Kinder und Frauen ohne finanzielle Unterstützung zurück lassen.

Es gibt bereits eine kleine Schule mit zwei Unterrichtsräumen, einem Büro und Toiletten. Im Projekt werden momentan nicht mehr als zwei Kinder pro Mutter – zurzeit zusammen derzeit 50 Kinder – unterstützt, die in zwei Gruppen eingeteilt sind. In regelmäßigen Treffen mit den Müttern werden auch die Mütter betreut und beraten.

- Es sollen in Zukunft in einem nächsten Bauabschnitt eine Küche, zwei Zimmer für freiwillige Helfer und eine Spielanlage für die Kinder umgesetzt werden.

- Auch ein Frauenhaus, in dem im Notfall Kinder und Frauen, sowie besuchsweise auch deren Familienangehörige, unterkommen können, sind in Zukunft vorgesehen. Es soll ein einfaches Holzhaus sein, ausreichend um die erste Not zu lindern.

- Weiter ist geplant, Werkstätten zu bauen, die unter Anleitung oder auch eigenständig genutzt werden können und außerdem Ausbildungsmöglichkeiten bieten.

Es geht um Lebensperspektiven in einem geschützten Umfeld. Das Projekt lebt von Spenden aus Deutschland und der Schweiz. Alle Mitarbeiter vor Ort, arbeiten ehrenamtlich.

Ankunft und freudiges Erwarten

(sd/nl) Nach 24 Stunden Verspätung sind wir gut in Quito gelandet und haben uns als Gruppe zusammen gefunden, da Veronika und Marie bereits seit mehreren Tagen im Land umherreisten und Stella einen anderen Flug hatte.

Am Donnerstag den 28.07 fand der erste Abendkreis in der Sonnenschule in Aguas Frías statt. Es war ein gutes Gefühl nun als Gruppe in Ecuador zu sein, in dem Land und dem Projekt auf das wir uns bei den Treffen vorbereitet haben. Frank, der das Projekt mit leitet, trafen wir schon in Quito von wo aus wir gemeinsam mit dem Bus sieben Stunden nach Atacames fuhren, die nächstgelegene Stadt von Aguas Frías. In Atacames angekommen, trafen wir dann auf Veronica und Marie und auf dem Jeep hintendrauf ging's dann schon in der Dunkeleite, zur Fundacion San Andres.

Die ersten Nächte verbringen wir hier in der Sonnenschule, gemeinsam, erst am Montag geht es zu den Gastfamilien, was auch gut ist, da die anfänglichen Reisebeschwerden, die der Magen so mit sich bringt, hoffentlich dann nach einigen Tagen Eingewöhnung abklingen werden.

Die Kinder, die von Mittwoch bis Samstag in die Sonnenschule zum Unterricht kommen, trafen wir am Freitag das erste Mal. Mit schüchternem Blick schauten sie ab und zu zu uns herüber und stellten sich uns am Anfang der Stunde vor. Am Samstag war das Eis schon ein wenig geschmolzen. Der Unterricht findet zusätzlich zum Schulunterricht statt und ermöglicht es den Kindern ihren Horizont zu erweitern.

Für uns hieß es erst einmal ankommen, die Kinder und die Kultur auf uns wirken zu lassen, was nicht ganz einfach war, denn eigentlich wollten wir ja gleich mit anpacken. Einige von uns hatte auch mit dem anderen Essen und dem neuen Klima zu kämpfen. Nachdem sich am Samstag Nachmittag die Sonnenschule wieder geleert hatte, fuhren wir als Gruppe nach Sua, einem Ort der ca. eine halbe Stunde von Aguas Frías entfernt und am Meer liegt. Hier können wir noch einmal durchatmen, bevor es dann am Montag mit dem Bauen beginnt. Der Strand und die Sonne halfen uns beim planen und strukturieren der nächsten Wochen und die Einheimische Fischsuppe gibt uns Kraft und Motivation. Nun sind wir in freudiger Erwartung, dass es morgen los geht.

Die große Hilfe

(fi) Drei Wochen waren die Jugendlichen des Steinschleuder e.V. in der Sonnenschule und haben dort einige sehr hilfreiche Sachen gebaut. Mein Freund Frank aus Quito und der Nachbar Giovanni haben die Steinschleuder-Jugendlichen in der Zeit begleitet und unterstützt. Es wurden wichtige Dinge realisiert wie Fenster einbauen, damit es in der Regenzeit in den zwei Klassen trocken bleibt. Aus demselben Grund gab es auch eine Dachverlängerung am Frauenhaus und für die Kinder eine Kletterwand. In der Küche haben sie, damit es heller wurde, einige Holzbretter durch Polykarbonatplatten ersetzt und gegen Hochwasser ein kleines Mäuerchen gezogen. Außerdem ist am Hygienebereich die Betonfläche erweitert worden, um dort einen Waschplatz einzurichten, womit ich gerade beschäftigt bin.

Ich fand die jugendliche Truppe recht angenehm, keinen Streit, nettes zusammen sein und gutes Essen. Nach ihrer

Abreise ist es zwar für mich ruhiger geworden, doch es hat eine Leere hinterlassen und jetzt fehlt was! Viele Hände schaffen viel, auch wenn einige Dinge von den Jugendlichen noch gelernt werden mussten und die Fertigkeit noch nicht so da war. Doch woher soll sie bei dem Alter auch kommen. Jedenfalls steht jetzt das Wichtigste, es sieht gut aus und das war von ihnen auch so geplant. Ich bin total dankbar dafür und was das Größte ist – sie haben alles bezahlt!!!

Wo gehobelt wird da fallen auch Späne. Zum Glück nur sehr wenig. Beim Feinputz wurde bei einer Mischung der Härter vergessen mit einzurühren und ich habe es verpennt, dass das Dach vom Frauenhaus vorne an der Eingangstür nicht direkt weiter verlängert wurde. Beide Fehler sind jetzt behoben, wobei Erik, einer unserer Schüler, mit bei der Drecksarbeit geholfen hat. Er hat den größten Teil des Feinputz wieder abgebürstet.

Die drei Wochen waren für mich sehr anstrengend und aufregend. Morgens war ich als erster auf und abends als letzter im Bett. Dann musste ich überall meine Augen haben, die ganzen Fragen und die Kinder kamen ja auch noch mit ihren Dingen und Wünschen. Ich war überlastet und langsam merke ich mein Alter auch. Vieles lief in der Zeit nicht so wie es sein sollte und es gab ein gewisses Chaos. Die Hygiene und der Unterricht haben dabei gelitten. In dieser Zeit hat zum Glück Annika donnerstags ausgeholfen, die für einige Wochen Freunde in Atacames besuchte.

Ein Spaziergang nach Aguas Frías

(nm) Bis jetzt hieß es ja immer, dass wir in der Sonnenschule in Aguas Frías sind, doch wenn wir es ganz genau nehmen, dann befinden wir uns in El Mango. Der Name der Häusersiedlung kommt auch nicht von ungefähr, denn wir sind umgeben von einigen Mangobäunen, doch leider werden diese erst im Oktober reif.

Nach ein paar Tagen im Projekt erzählt uns Frank, dass Aguas Frías etwas abseits gelegen liegt. Daraufhin fasten wir den Entschluss, einmal dorthin zu spazieren. Dieses Vorhaben verschob sich von einem freien Arbeitstag auf den nächsten. Doch dann endlich am letzten Freitag, ein Tag vor Abreise, die Sonne schien heiß auf die Schotterstraße, an der die ganzen letzten Tage fleißig mit großer Walze und Bewässerungswagen gearbeitet wurde, begaben wir uns auf einen Spaziergang nach Aguas Frías. Wir durchquerten den kleinen Fluss in dem die Dorfbewohner sich und ihre Wäsche waschen, eine angenehme Abkühlung für unsere Füße. Auf der anderen Seite angelangt, befanden wir uns auf einem breiten Schotterweg, die Bäume rechts und links ließen es wie eine Allee wirken. Vorbei an Hütten und kleinen Kuhher-den gelangten wir in eine Gegend, die ganz anders wirkte, als das, was wir vorher gesehen hatten. Es war ruhiger, der Wald dichter, und die Atmosphäre entspannter. Aguas Frías waren mehrere vereinzelte Häuser entlang der Straße. Wir trafen Menschen, beschäftigt mit der Ernte der Guaba (eine fast ein Meter lange Hülse mit kleinen, süßen, flauschigen Früchten), und Kinder, die wir auch aus der Schule kannten. Wir fühlten uns wohl hier. Die hohen Bäume spendeten Schatten und der Fluss Kühle.

Als die Sonne langsam verschwand, machten wir uns auf den Rückweg, ganz beglückt, diesen Spaziergang letztlich noch gemacht zu haben, denn er gab uns einen weiteren Einblick in die Gegend und eine neues Gefühl für den Ort, an dem wir die letzten drei Wochen gelebt haben.

Die andere Welt

(vg) Am meisten hat mich das Leben der Menschen in Ecuador beeindruckt. Es hat mich unglaublich fasziniert den Unterschied zwischen den Menschen der Küste und denen aus den Anden zu beobachten.

In Ecuador sagen alle, dass die Leute an der Küste viel lebensfreudiger und offener sind als die aus den Bergen, doch als ich von der Stadt Otavalo in Richtung Küste gefahren bin, habe ich das total anders empfunden. Den Menschen dort konnte man plötzlich keine Gefühle mehr ansehen, ihren Gesichtsausdruck konnte ich nicht interpretieren. Das Minenspiel sah für mich, egal ob traurig oder fröhlich, immer gleich aus.

Durch den Aufenthalt und das Leben in der Gastfamilie konnte ich auch schnell merken, dass es erst mal schwierig war eine Beziehung aufzubauen. Meine Gastschwester z.B. hat am Anfang kaum mit mir geredet, weil sie sehr schüchtern war. Mit der Zeit habe ich angefangen mit ihr zu spielen – und am Ende hat sie jeden Abend auf mich gewartet. Sehr ähnlich ging es uns, der Baucamp-Gruppe, mit den Kindern aus der Schule, mit denen es auch ein paar Tage dauerte, bis sie sich an uns gewöhnt haben.

Ganz anders war es als ich in einem Bergdorf war: Die Kindern wollten gleich mit uns tanzen und spielen, sie hatten überhaupt keine Hemmungen. Beruht das alles auf klimatischen Unterschieden zwischen den Regionen? Oder wirkt Geschichte bis heute weiter? Und wieso habe ich manches anders empfunden als die Menschen vor Ort? Auf jeden Fall habe ich sehr viel Kulturaustausch gelebt. Die Ecuadorianer die ich kennengelernt habe waren sehr neugierig und wollten vieles wissen. Es hat mich immer sehr gefreut, wenn ich Zuhause ankam und mit meinen Gasteltern Gespräche über Ecuador und andere Länder geführt habe. Wir hatten gemeinsam viel Spaß daran gefunden, uns gegenseitig Frage und Antwort zu stehen!

Land der Vielfalt

(me) Wenn ich darüber nachdenke, was mich an Ecuador wohl am meisten beeindruckt hat, so fällt mir sofort diese unglaubliche Vielfalt ein. Das es in einem vergleichsweise so kleinem Land solch eine Variation an Farben, Tieren, Menschen, Sprachen und Früchten gibt, ist für mich fast unfassbar. Dies hat meinen zweimonatigen Aufenthalt abwechslungsreich gestaltet und mich eine Fülle an unterschiedlichsten Erfahrungen erleben lassen.

In einer so großen Stadt wie Quito, sieht man, wie auch in jeder deutschen Großstadt unterschiedlichste Menschen; all die verschiedenen Kulturen scheinen dort zu verschmelzen. Jedoch nur ein paar Stunden mit dem Bus entfernt, wurde Veronica und mir in den ersten Tagen bewusst, wie viel der Kultur der Inkas auch heute noch erhalten ist, und zwar nicht nur in Museen. Viele Menschen in der Andenregion Ecuadors kleiden sich z.B. noch traditionell, was uns beiden einen großen Spaß brachte, denn auch uns wurde traditionelle Kleidung geliehen, um bei den Sonnenfesten, „Inti Raymi", mitzutanzen, die um diese Zeit nahe Otavalos gefeiert werden. Fast ein bisschen erinnerten uns die Blusen an ein Dirndl und auch das Atmen ist ebenso schwer darin.

Wir fragten uns, wie die kleinen Mädchen damit so wild spielen können, wie sie es dort taten und waren tief berührt von der Wärme und Herzlichkeit, die uns dort begegnete, und von den Kindern, die unsere Hände nicht mehr loslassen wollten. Doch nicht nur die Kleidung, sondern auch die Sprache und das Wissen über die Natur sind hier noch mehr oder weniger stark erhalten.

Nicht nur ein Kulturschock, sondern auch ein Klima-schock, aus der kühlen Andenluft in Richtung nördliche Küste zu fahren, auf Serpentinenwegen die Anden hinab, von teilweise über 4000m zurück zur Meereshöhe. Was uns vorher nicht so klar war, wo wir uns die Bewohnen-den Ecuadors vielleicht eher als ein homogenes Volk vor-gestellt hatten, leuchtete uns plötzlich ein, dass diese klimatischen Einflüsse natürlich auch unterschiedliche Menschen hervorbringen. Als wir in den letzten Bus nach

Esmeraldas umstiegen, nahe der kolumbianischen Grenze, kam uns ein Schwall trockener, staubiger Luft entgegen, und eine Hitze ließ uns die Ponchos schnell wegpacken. Hier schienen diese mehr als unpassend, denn Männer trugen hier keine langen Zöpfe mehr und Frauen hatten kurze Shorts und hautenge Shirts an. Kein Wunder, bei so einem Wetter! Außerdem waren die indigenen Züge hier komplett aus den Gesichtern der Menschen gewichen – es war offensichtlich, dass die Wurzeln andere waren. Doch auch hier war die Fahrt noch nicht beendet, und so fuhren wir die nächsten Stunden durch tropisches, humides Klima und waren doch erstaunt, warum so viele Familien ihre Wäsche nach draußen zum Trocknen aufhingen, wo es doch ständig zu tröpfeln schien.

Wir fuhren vorbei an Straßenständen mit Obst, die uns an eine ähnliche Region Costa Ricas erinnern ließen. Auch die Häuser sind der klimatischen Veränderung angepasst; sie stehen meist höher, um in der Regenzeit nicht total verschlammt zu werden. Schließlich angekommen in der „Sonnenschule" und in einer so abgeschiedenen, länd-lichen Region, waren uns die Ecuadorianer, an die wir uns vermeintlich schon gewöhnt hatten, fremd. Anfangs verschüchtert, war mir manchmal unwohl in meiner Haut. Erst in den letzten Tagen in der Gastfamilie fühlte ich mich wirklich wohl und angekommen, aber da ging es dann allerdings auch schon weiter. Mehr entdecken! Denn in diesem Land, wird man wohl immer Neues finden und das ist es, was es für mich so besonders macht.

Danke euch allen!

Es ist erfreulich und im allerbesten Sinne erstaunlich, wie viele Menschen uns zur Seite standen (und stehen). Durch die Übernahme von Patenschaften, durch Mitwirkung im Kurs, durch organisatorische Unterstützung und und und....: Euch allen sagen wir ganz, ganz herzlich DANKE!! Ihr habt unser Projekt erst möglich gemacht!!!!
Unser Kreis der Unterstützer*innen:

Stefan, David, Melanie, Marianne, Bettina, Olaf, Evelyne, Barbara, Luna, Sebastian, Sabine, Hanna, Klaus, Ralf, Christian, Peter, Ronny, Peter, Claudia, Birgit, Jochen, Oliver, Johannes, Ingo, Klaus, Maria, Mauro, Rolf, Claudia, Franz, Ursula, Eugen, Barbara, Jan, Rebekka, Phillip, Marcel, Jan, Dagmar, Declan, Charlotte, Anne, Dirk, Silvia, Jean-Phillip, Caro, Till, Katrin, Wolfgang, Elisabeth, Ulrike, Ludger, Frank, Annette, Karl, Annika, Heidi, Stefan, Hans, Tim, Eva, Bernhard, Helga, Verena, Johanna, Noah, Julia, Duveke, Nina, Pasqualina, Oliver und Maria

Bildteil

Plenum an einem Kurswochenende

Pfadfinderheim in Castrop-Rauxel

Training „Selbstschutz und -verteidigung"

Trainingswoche im Ökodorf „Lebensgarten" in Steyerberg

Im Kurs in Castrop-Rauxel

Kursabschluss

Eindrücke vom Baucamp in Ecuador

Arbeit an der Kletterwand

Umgebung der Sonnenschule

Begegnungen, Arbeit am Projekt, Wasserfälle

Ideen werden zu Taten

Die Sonnenschule nach dem Baucamp

Die Gruppe mit Frank Isfort (vorne rechts)

Die Autorinnen und Autoren

Stella Dikmans (sd)
Marie Eckart (me)
Veronica Grosso (vg)
Verena Heinen (vh
Frank Isfort (fi)
David Kannenberg (dk)
Jonas Kohlmann (jk)
Peter Krause (pk)
Naline Margraf (nl)
Melanie Mettlen (mm)

Mitwirkende im InterAKTION-Kurs

Marcel Botthof
Rebekka Breth
Johanna Fürst
David Kannenberg
Elisabeth Klein
Peter Krause
Melanie Mettlen
Sebastian Nahrwold
Jan Temmel
Ingo Weerts

ISBN 978-3-7418-6474-2

www.epubli.de